KB200517

유익한
교회생활

유익한 교회생활을 위한
7가지 기초

유익한
교회생활

김용일 지음

교회성장연구소

들어가는 글

나는 목회자의 아들로 태어나서, 하나님께 부르심을 받고 2대 목사가 되었다. 목사가 된 후, 담임목회자로 15년을 목회한 시점에 이 글을 쓰기 시작하여 안수 25주년을 맞으며 책으로 출판한다. 나의 두 아들도 목사가 되려고 준비하고 있다. 나의 후손들이 계속 대를 이어 하나님께 충성하고, 목사의 대를 이어가기를 소망한다.

나는 교회를 창립·개척하기도 하고, 기존 교회에서 목회를 하기도 했다. 경험을 통해서 많은 목사님들이 좋은 교재가 없어서 성도들을 가르침에 고전하시는 모습을 보았다. 세계 여러 선교지에 가서 복음을 전할 때도 역시 좋은 교재가 없는 것을 보면서 좋은 교재를 쓰는 것이 나의 사명이라고 여겨졌다. 쉽게 보고 배울 수 있는 교재, 비교적 짧은 시간 투자로 공부가 가능한 교재, 배운 효과를 볼 수 있는 유익한 교재를 만들기 위해서 목사로서 20년이 넘게 고민했다. 쉽고, 짧고, 효과적이어서 소형, 중형, 대형 교회 모두 사용할 수 있으면서, 누구에게나 유익한 교재를 만들기 위한 노력의 결과가 본서이다.

이 글은 예수님께서 칭찬할 만한 바르고 좋은 교회를 세우고자 하는 마음으로 쓴 것이다. 또한 나의 아들들과 후손들, 그리고 온전한 교회를 세우려는 모든 목회자들과 성도들의 사역을 위한 좋은 도움이 되기를 바라는 마음으로 쓴다. 바라기는 이 교재를 통해 온전한 성도들이 많아져서 하나님께서 기뻐하시는 교회가 세계만방에 충만하게 서게 되기를 기원한다.

이 글을 읽는 분이 처음 기독교를 접하는 분이든, 혹은 오랜 믿음의 생활을 한 사람이든, 누구에게나 유익한 글이 되기 바란다. 기본적으로 이 책은 예수님을 믿는 기독교인이 되고자 그 첫걸음을 하려는 사람을 위해서 쓴 글이다. 이 글은 믿지 않는 자를 믿게 하려는 노력이 아니라, 믿으려고 하는 사람에게 바른 지식을 줌으로 바른 믿음의 성장을 이끌기 위해 쓰는 것이다. 혹은 교회는 오래 다녔으나, 기초 교육을 받지 못했다면 올바른 신앙의 기초를 닦아 줄 수 있을 것이다.

이 교재가 하나님께 영광이요, 사용하는 모든 목회자와 성도들에게 유익이 되기를 소망한다.

새빛교회 담임목사
김용일

Practical Church Life

목차

본 교재를 유익하게
사용하는 방법

본 교재는 신앙생활을 위한 지침으로 매우 유용하다. 교회에서 활용하기 좋으며, 성도가 신앙의 기초를 쌓는 데 큰 도움이 되는 내용으로 구성했다.

이 책은 세 가지 방법으로 사용할 수 있다.

첫째, 어느 정도의 성경 지식이 있다면 혼자 보고 배울 수 있다.

기본 지식이 있으나, 충실한 기초를 잘 다지고 싶은 분은 혼자서도 보고 공부할 수 있다. 그러나 성경을 어떻게 찾는지도 모르는 분은 지도자의 교육이 필요하다.

둘째, 이 책은 일대일로 교육하는 교재로 사용할 수 있다.

깊이 있는 교육이 될 수 있다. 대신 가르치는 사람이 미리 학습해서 내용을 정확하게 먼저 숙지하고 있어야 한다. 자신이 먼저 성경을 찾아서 성경구절을 다 쓰고, 공부한 모습을 갖추고 시작해야 한다.

셋째, 그룹 성경공부 교재로 사용할 수 있다.

이 경우도 지도자가 철저하게 먼저 이 교재를 잘 보고 공부한 후에 진행할 것을 권한다. 이 경우도 역시 자신이 먼저 성경을 찾아서 성경구절을 다 써본 후에 시작해야 한다. 지도자를 위해 보다 깊은 내용을 책 뒤에 수록했으므로 미리 한번 보고 깊이 있게 준비를 한 후에 양육을 진행하라.

그리고 준비 도구가 필요하다. 본 교재와 성경책, 그리고 필기도구이다. 이 교재는 직접 성경을 찾고, 성경 구절을 쓰면서 공부하도록 고안되었다. 우리 신앙생활의 모든 기본인 성경책을 찾고, 읽고, 쓰면서 성경 중심의 생각과 태도를 갖추도록 디자인했기 때문이다.

우리는 내 생각, 내 의견에 앞서 항상 하나님의 말씀을 제대로 알고, 하나님의 뜻을 따르는 좋은 자세를 가져야 한다. 이 교재는 그런 태도를 형성하는 데 도움이 될 것이다.

모든 시작은 기도로 준비하라. 혼자서 보든, 소그룹으로 공부하든지 간에 반드시 '기도'로 시작하라. 기도한다는 것은 하나님께 은총을 구하는 것을 의미한다. 기도하면서 시작하면 성령님께서 함께 하신다. 그렇게 할 때 더 깊은 깨달음을 얻고, 더 단단한 믿음이 생긴다. 끝날 때도 기도하라. 혼자서 책을 보든, 소그룹으로 보든 반드시 기도로 끝내라. 그러면 이후의 삶 속에서 성령님의 도우심이 함께 하신다.

시작하는 기도를 어떻게 해야 할지 잘 모르겠다면 가장 기초적으로 "주님, 제 눈을 열어서 주의 법의 기이한 것을 보게 하소서"라고 기도하라. 이는 성경말씀에 기초한 기도이다. 또한, 오늘 배운 말씀을 통해 하나님의 뜻을 깨달을 수 있도록 구하라. 마치는 기도를 잘 모르겠다면, "주님, 말씀을 듣고 잊는 자가 되지 않고, 말씀대로 살아서 반석 위에 집 짓는 자 같이 온전하게 살게 하소서"라고 기도하라. 적용과 실천을 할 수 있는 힘을 구하라.

때때로 반복하라. 성경은 묵상을 해야 한다. 성경공부도 그러하다. 때때로 이 교재를 다시 보라. 다시 공부하라. 반복하라. 묵상은 되새김질을 하는 것이다. 하나님께서는 우리가 구별된 존재이기를 원하신다. 성경과 말씀을 자주 묵상하라. 되새김질하라. 그래야 내 것이 된다. 이 교재를 자주 다시 보고 공부하라. 그러면 인생이 바뀔 것이다. 유익한 교회 생활을 하게 될 것이다.

주님의 은총이 함께 하시기를 기도드린다.

Practical Church Life

1과

회개(고백)
기독교인(제자, 교인)이 되는 시작

1과 회개(고백)
기독교인(제자, 교인)이 되는 시작

1과의 목표

회개(Repentance, 悔改)는 잘못을 뉘우치고 고침을 뜻한다.

성경을 보면 구약에서 '회개'는 히브리어 '슈브'(돌아오다)와 '나함'(후회하다)이 주로 사용된다.

신약에서 '회개'는 헬라어로 '메타노이아'(개심, 회개)와 '에피스트레포'(돌아오다)가 사용된다.

모든 사람은 죄를 범한다. 따라서 '회개' 해야 한다. 잘못된 자기 마음이나 목적을 바꾸고, 방향 전환을 해야 한다. 고백도 필요하다. 잘못을 인정하는 것, 그것이 잘 돼야 유익한 교회 생활이 가능하다. '회개'에 대해 여기서 배우자.

1과 핵심구절

"이 때부터 예수께서 비로소 전파하여 이르시되 **회개하라** 천국이 가까이 왔느니라 하시더라"(마 4:17)

I. 시작 – 회개

기독교의 경전인 성경(성서)은 구약과 신약으로 나누어지는데, 이것은 예수님 오시기 전과 오신 후의 차이이다. 구약은 예수님 오시기 전의 글, 신약은 예수님 오신 후의 글이다. 신약에서는 특별히 복음서가 있다. 이 것은 예수님의 생애를 기록한 글이다. 신약의 네 가지 복음서는 모두 예수님의 생애를 기록하고 있다. 예수님은 이 세상에서 33년을 사셨는데, 30세부터 3년간 공적인 사역을 하셨다. 복음서에는 그 기간의 이야기가 집중적으로 나온다.

1. 마태복음 4장 17절을 찾아서 직접 예수님의 전파 내용을 적으라.

2. 마가복음 1장 15절을 찾아서 직접 예수님의 전파 내용을 적으라

3. 두 가지 내용에서 공통적으로 요구하는 것은 무엇인가?

....

....

....

....

　예수님께서 전파하신 첫 말씀은 "회개하라 천국이 가까웠느니라"(마 4:17) "때가 찼고 하나님 나라가 가까웠으니 회개하고 복음을 믿으라"(막 1:15)였다.

　이 전파하신 말씀에 마땅히 응답하기 원하시는 두 가지가 있다. 첫째, 회개하는 것이다. 둘째, 복음을 믿는 것이다. 어떠한 경우이든, 사실상 강조되는 한 가지가 있다. 그것은 "회개하라"는 것이다. 예수님을 믿는 바른 믿음의 삶을 살려면 '회개'가 있어야 한다. 이것이 있어야 제대로 시작을 할 수 있다.

II. 회개하지 않았다면…

회개하지 않은 상태에서 세례를 받지 말라. 회개하지 않은 상태에서 교회의 직분자가 되지 말라. 그렇지 않으면 당신은 자신과 교회를 망가뜨릴 것이다. 오해하지 말라. 잠시 후 설명하겠지만, 과거에 죄를 지었다는 것을 문제 삼는 것이 아니다. 우리는 모두 죄를 지은 사람이다. 또한 앞으로도 실수하게 될 것이다. 따라서 여기서 초점을 두려는 것은 '자세'이다. '마음의 자세'가 중요하다. 잘못했을 때, 잘못인 줄 아는 것. 잘못임을 알기에 회개하는 것. 이것이 중요하다. 이것이 기독교의 기초이다.

기독교인들이 손가락질을 받는 경우가 있다. 이유는 바로 이 기초가 잘못된 교인들 때문이다. '회개'하지 않은 상태에서, 아니 회개의 자세를 전혀 갖지 않은 상태에서 교인이 되고, 직분자가 되고, 심지어 목회자까지 되었기에 결국 사회의 손가락질을 받는 것이다. 소금이 맛을 잃으면 버림받는 것과 같다.

'회개'가 중요하다. 바라기는 여러 가지 지식적인 것을 많이 쌓기보다 중요한 기초적인 자세, 기독교의 가장 근본적인 자세 '회개'를 우선 배우기 바란다.

III. 회개의 예

성경에 아주 중요한 예가 있다. 예수님을 따르던 사람이 수없이 많았지만, 예수님께서는 그중에 70명을 특별히 뽑아서 전도를 시키셨다. 그리고 그 가운데에서도 12명을 뽑아서 특별히 가까이하고 교육을 시키셨다. 그들을 열두 사도라고 부른다. 그리고 그 가운데 3명을 더욱 중시하셨다. 그리고 그 가운데에서도 가장 아낀 것으로 보이는 사람이 베드로였다. 그런데, 그는 실수를 한다. 죄를 범한다. 그는 예수님을 잘 따르고, 충성된 사람이었으나, 예수님께서 잡혀가시자 예수님을 모른다고 부인한다. 제자로서 큰 죄를 범한 것이다. 그리고 그날 밤 베드로는 크게 울며 회개한다.

그런 그를 십자가에서 죽으시고 부활하신 예수님께서 찾아오신다. 그리고 그를 '회복' 시켜 주셨다. 그의 사역의 자리를 회복 시켜 주셨다. 이것이 기독교다. 기독교는 죄를 범하지 않는 종교가 아니다. 그보다 '회개의 종교'이다. 진정으로 회개하는 자를 용서하는 종교다. 따라서 먼저 '회개'를 배우라. 당신이 이것을 알아야, 죄를 범했을 때, 다시 '회복'될 수 있기 때문이다. 교회 지도자는 깨끗해야 하지만, 더 중요한 것은 더러워졌을 때, '회개'하는 것이다. 그러면 예수님께서 '회복' 시켜 주신다. 이것이 중요하다. 깨끗하게 목욕해도, 생활 속에서 더러워진 손, 발, 얼굴을 씻는 것처럼 '회개'와 '고백'으로 돌이키고 회복되는 것이 필요하다. 씻음은 항상 필요한 것이다.

IV. 적용

Q1 이렇게 기도하라. "하나님, 제가 누군지 가르쳐 주십시오. 제가 죄인입니까? 제 죄가 무엇입니까?"
(약 5분간 실제로 기도하라. 떠오르는 생각을 잘 기억하라.)

....

....

....

....

Q2 회개는 깨닫고, 후회하고, 방향을 돌이키는 것이다. 교회에 오면서 무엇을 돌이켰는가?
혹은 이제 무엇을, 어떻게 돌이킬 것인가?

....

....

....

....

V. 회개와 고백

　우리는 흔히 회개라는 한 단어로 많은 것을 포함하여 말한다. 그렇게 하는 것이 간단하고 좋다. 그런데 신학자 중에서 회개와 고백을 나누어서 설명하는 경우가 있다. 회개는 예수님을 믿기 위해서 하는 '방향전환'과 같아서 한 번이면 된다는 설명이다. 대신 예수님을 믿으면서 실수하고 넘어졌을 때 하는 것을 '고백'이라고 설명한다. 그렇게 이해해도 좋다.

　중요한 것은 어떤 용어를 쓰느냐가 아니다. 계속 회개를 하든, 회개하고 고백을 하든, 정말 중요한 것은 그리스도인의 삶은 회개하고 믿은 후, 성결해지는 성화(聖化)의 삶을 살아야 한다는 것이다. 따라서 회개라고 표현하든, 고백이라고 표현하든 분명한 것은 지속적인 회개(고백)가 필요하다는 것이다.

　이것은 우리가 예수님을 믿고도 실수를 하게 될 것이기 때문에 중요한 교훈이다. 예수님을 믿으면서 죄를 짓지 말아야 하지만, 더욱 중요한 것은 죄를 지었을 때, 회개(고백)해야 한다는 것이다. 더러움을 씻어야 하듯, 죄를 씻어야 한다. 우리에게는 다시 깨끗함을 입는 과정이 매일 필요하다.

1. 요한일서 1장 8절을 찾아서 직접 적으라.

....

....

....

....

2. 요한일서 1장 9~10절을 찾아서 직접 적으라.

....

....

....

....

우리가 죄 없다 하면 스스로 속이는 것이며, 대신 우리가 죄를 자백하면 하나님께서 우리 죄를 사하여 주시고 모든 불의에서 우리를 깨끗하게 하실 것이라고 말씀한다. 그리고 자신에게 죄가 없다고 말하는 사람에게 하나님의 말씀이 그 속에 있지 않다고 말씀한다.

따라서 자신이 죄인인 것을 인식하고, 회개(고백)한 사람만이 말씀을 받고 간직할 수 있다. 우리에게 '마음의 자세'가 중요한 것이다. 천국에 갈 때까지 이 마음의 자세를 잃지 말아야 한다.

VI. 생활에서의 적용

1 "제가 잘못했습니다. 미안합니다", "괜찮아요" 등 이런 표현이 당신의 가정에서 사용 되는가?

부모 자식 간에, 부부 사이에, 형제 사이에서 이런 대화가 사용되는가? 솔직하게 답해보라.

1) 한 번도 사용한 적이 없다.

2) 가끔 사용한 적이 있다.

3) 항상 사용하는 말이다.

위의 말을 사용하라. 그래야 참된 성도의 가정으로 살게 된다. 그것을 교회에서도 사용하라.

2 오늘 배움을 통해서 당신은 무엇을 배웠는가? 자신의 말로 간단하게 직접 적어보라.

"만일 우리가 죄가 없다고 말하면 스스로 속이고 또 진리가 우리 속에 있지 아니할 것이요 만일 우리가 우리 죄를 자백하면 그는 미쁘시고 의로우사 우리 죄를 사하시며 우리를 모든 불의에서 깨끗하게 하실 것이요"(요한일서 1:8-9)

2과
심판
기독교의 역사관

2과 심판
기독교의 역사관

2과의 목표

기독교의 역사관은 시작과 끝이 있다고 본다. 끝에 '심판'이 있다. 이 역사의 식을 가져야 한다.

그런데 거짓의 아버지인 마귀는 심판이 없다고 속인다. 그래서 죄를 범하게 만든다. 속지 말라.

또한 이단이 존재한다. 이들은 거짓된 좋은 소식으로 영적 사기를 친다. 자기들에게만 어떤 특별한 복음이 있다고 한다. 이들의 거짓에 미혹되지(속지) 말라. 그들을 멀리하라. 그래야 안전하다. 마귀를 대적하고, 다른 복음으로 속이는 이단을 멀리하라. 그렇게 할 때 유익한 교회생활을 할 수 있다.

2과 핵심구절

"한번 죽는 것은 사람에게 정해진 것이요 **그 후에는 심판이 있으리니**"
(히 9:27)

예수님께서 전파하신 첫 말씀은 "회개하라"였다. 따라서 회개(고백)이 얼마나 중요한지 보았다. 모든 사람은 회개(고백)하는 삶을 살아야 한다. 왜 회개해야 하는가? 심판이 있기 때문이다. 기독교의 중요한 역사관이 있다. 그것은 세상이 시작이 있고, 끝이 있다는 것이다. 그리고 끝에 심판 날이 있다는 것이다.

Ⅰ. 심판

구약에서도 하나님의 심판자 되심이 많은 곳에서 나타난다. 예를 들어 시편 96편에서 여호와 하나님께서 통치하시고 심판하심을 말씀한다.

1. 시편 96편 13절을 찾아서 직접 하나님의 심판하심의 내용을 적으라.

....

....

....

....

하나님께서 의로운 재판장으로 세계를 판단하시고, 진실하게 판단하신다고 말씀한다.

2. 지혜의 말씀인 전도서 12장 14절을 찾아서 직접 하나님의 심판하심을 적으라.

....

....

....

....

최후의 심판 날, 하나님께서 사람의 모든 알려진 행위와 모든 은밀하게 한 일의 선함과 악함을 낱낱이 밝히시고 심판하실 것이다.

3. 신약에 있는 히브리서 9장 27절을 찾아서 죽은 후의 심판에 대해서 적
   으라.

   ....

   ....

   ....

   ....

   사람은 죄로 인해서 모두 한 번 죽는다. 그리고 그것으로 끝이 아니
다. 그 후에 심판이 있다.

4. 요한복음 5장 22절을 찾아서 직접 예수님의 심판하심의 내용을 적으라.

   ....

   ....

   ....

   ....

   신약에서는 하나님 아버지께서 심판을 아들 예수님께 다 맡기셨다고
말씀한다.

5. 고린도후서 5장 10절을 찾아서 사도 바울과 디모데가 심판에 대해 말한 것을 적으라.

....

....

....

....

마지막 최후의 심판 날, 예수 그리스도가 심판하실 것이고, 따라서 그리스도의 심판대 앞에서 우리가 각각 행한 것을 따라 심판을 받게 된다.

6. 요한복음 5장 29절을 찾아서 예수님의 판단 기준을 적으라.

....

....

....

....

심판장이신 예수님께서 직접 하신 심판에 대한 말씀이다. 선한 일, 악한 일에 따라 심판을 받게 된다.

7. 마태복음 12장 41-42절을 찾아서 직접 심판 때에 대한 예수님의 말씀을 적으라.

....

....

....

....

   예수님께서 심판의 때가 있음을 분명하게 말씀하셨다. 그때 '정죄'됨이 있을 것이라고 말씀한다. 즉, 벌이 있을 것임을 말씀한다.

   로마서 3장 10절에서 "기록된 바 의인은 없나니 하나도 없으며"라고 말씀한다. 또한 로마서 3장 23절에서 "모든 사람이 죄를 범하였으매 하나님의 영광에 이르지 못하더니"라고 말씀한다. 따라서 모든 사람은 죄가 있으므로 심판을 받아야 한다.

   이것을 아시는 예수님께서 우리의 죗값을 치르고 구원하시기 위해 세상에 오신 것이다. 로마서 4장 25절에서 "예수는 우리가 범죄한 것 때문에 내줌이 되고 또한 우리를 의롭다 하시기 위하여 살아나셨느니라"고 말씀한다.

   요한복음 3장 16절에서 예수님께서 말씀하셨다. "하나님이 세상을 이처럼 사랑하사 독생자(예수)를 주셨으니 이는 그(예수)를 믿는 자마다 멸망하지 않고 영생을 얻게 하려 하심이라" 누구든지 예수님을 믿으면 심판받아 멸망하지 않고, 영원한 생명을 얻게 된다.

   로마서 6장 23절에서 "죄의 삯(값)은 사망이요 하나님의 은사(선물)는 그리스도 예수 우리 주 안에 있는 영생이니라"고 말씀한다. 구원받기 위해서는 선해야 하는데, 완전한 의인은 없으므로 누구든 예수님의 은혜가 필요하다.

요한복음 14장 6절에서 "예수께서 이르시되 내가 곧 길이요 진리요 생명이니 나로 말미암지 않고는 아버지께로 올 자가 없느니라"고 예수님께서 분명하게 말씀하셨다.

다른 길이 없다. 오직 예수님만이 길이다. 그 길을 따라야지만 심판을 면할 수 있다.

예수님의 수제자 베드로는 성령에 하여 이렇게 말했다. "다른 이로써는 구원을 받을 수 없나니 천하 사람 중에 구원을 얻을 만한 다른 이름을 우리에게 주신 일이 없음이라"(행 4:12) 다른 구원자는 없다.

8. 요한복음 3장 18절을 찾아서 누가 심판받는지 예수님의 말씀을 그대로 쓰라.

_____

_____

_____

_____

예수님을 믿지 않는 사람은 이미 심판을 받은 것이나 다름이 없다. 예수님을 믿지 않으면 마지막 날 정죄받는다.

9. 요한복음 5장 24절을 찾아 심판에 이르지 않는 방법에 대한 예수님의 말씀을 적으라.

....

....

....

....

예수님을 보내신 하나님과 예수님을 믿고 그 말씀을 순종하는 사람은 영생을 얻는다.

심판에 이르지 않는 방법은 그것이다. 예수님을 믿고 그 말씀대로 순종하는 제자가 되는 것이다.

10. 요한계시록 20장 11-15절은 마지막 때, 심판의 날을 말씀한다.

....

....

....

....

11절에서 "또 내가 크고 흰 보좌와 그 위에 앉으신 자를 보니 땅과 하늘이 그 앞에서 피하여 간 데 없더라"고 말씀한다. 12절에서 계속 설명한다. "또 내가 보니 죽은 자들이 큰 자나 작은 자나 그 보좌 앞에 서 있는데 책들이 펴 있고 또 다른 책이 펴졌으니 곧 생명책이라 죽은 자들이 자기 행위를 따라 책들에 기록된 대로 심판을 받으니"

그 다음 말씀인 13-14절을 직접 찾아서 적으라.

....

....

....

....

각 사람이 자기 행위대로 심판을 받게 된다. 그리고 불못에 던짐을 받는다. 무서운 심판을 말씀한다.

15절을 깊이 생각하며 직접 적으라.

....

....

....

....

최후의 심판 날, 예수님의 생명책에 기록되지 못한 사람은 누구든지 불못에 던져져 심판을 받는다.

II. 마귀의 거짓말 – 심판은 없다

마귀는 거짓말을 한다. 심판은 없다고 거짓말로 듣기 좋게 우리를 유혹한다.

예수님께서 씨뿌리는 비유를 통해 설명하신다. 하나님의 말씀을 씨로 비유하시고 사람들의 마음을 밭으로 비유하면서 말씀하신 내용이다.

1. 누가복음 8장 12절을 찾아서 직접 적으라.

....

....

....

마귀는 말씀을 들을 때, 구원을 얻지 못하게 하려고 말씀을 마음에서 빼앗아 가는 자이다.

"하나님은 심판장이시고, 하나님의 아들인 예수님께서 심판을 하실 것이다." 이 말씀을 빼앗아 가는 것이다.

"회개하라" 이 말씀을 마음에서 빼앗아 간다. 마귀는 심판이 없다고 거짓말 한다. 심판이 없으므로 하고 싶은 대로 하라고 거짓말로 유혹한다.

대표적인 이야기가 창세기 3장에 나온다. 에덴 동산에서 아담과 하와는 하나님의 말씀에 순종하며 행복하게 살았다. 그런데 뱀이 와서 하나님의 말씀을 빼앗는다. 그리고 다른 복음(거짓된 좋은 소식)을 전한다. 하나님께서는 그들에게 선악을 알게 하는 나무 실과를 먹지 말라고 하셨다. 먹으면 "정녕(반드시) 죽으리라"고 하셨다(창 2:17). 이 말씀은 독이 있어서 죽는다는 말이 아니다. 먹으면 즉사한다는 말도 아니다. 먹으면 '심판' 하시겠다는 말씀이다. 먹으면 분명히 '죽음'이라는 "형벌을 받게 된다"는 말씀이다.

그런데 뱀은 그것을 먹어도 "결코 죽지 아니하리라"고 말한다(창 3:4). 심판이 없다고 말한다. 그러면서 다른 복음(거짓된 좋은 소식)으로 유혹한다. "너희가 그것을 먹는 날에는 너희 눈이 밝아 하나님과 같이 되어 선악을 알 줄을 하나님이 아심이니라" 이런 거짓말로 유혹한다. 그 유혹에 넘어가 선악과를 따 먹는다. 결과는 어떻게 되었는가? 심판을 받게 되었다. '죽음'이 사람에게 임하게 되었다. 아담과 하와 모두 결국 죄의 결과로 형벌을 받아 죽었다. 그리고 우리 모든 사람은 그들의 후손으로서 모두 죽는다.

예수님께서 마귀에 대해 요한복음 8장 44절에서 "거짓말쟁이요 거짓의 아비"라고 설명하신다. 고린도후서 11장 14절에서 사탄(마귀)가 자기를 "광명의 천사"로 가장한다고 설명한다. 그래서 우리는 조심해야 한다.

2. 마태복음 24장 4-5절의 예수님께서 주신 주의사항을 직접 적으라.

 우리를 미혹(유혹)하는 사람들이 있을 것이라고 예언하셨다. 자신이 재림한 그리스도라고 주장하는 사람들이 많은 사람을 미혹(유혹)할 것이라고 경고하셨다. 역사상 재림을 강조하는 이단들이 상당히 많았다. 지금도 많고, 앞으로도 많을 것이다. 예수님을 맞을 준비를 하되, 미혹(유혹)받지 않게 주의하라.

3. 마태복음 24장 11-12절의 예수님께서 주신 주의사항을 직접 적으라.

 거짓으로 가르치는 선지자가 많이 일어날 것이라고 예언하셨다. 많은 사람이 미혹(유혹)될 것이다.
 결국 불법이 많아지므로 많은 사람들의 사랑이 식을 것이라고 경고하셨다.

4. 이런 경고의 말씀에서 지켜야 할 교훈이 있다. 마태복음 24장 13-14절에 계속되는 예수님의 교훈과 주의사항의 예언의 말씀을 직접 적으라.

....

....

....

우리는 끝까지 인내해야 한다. 그래야 구원을 얻는다고 예수님께서 말씀하셨다.

5. 다른 교훈으로 다가오는 이단들을 어떻게 대하여야 하는가? 요한이서 1장 10-11절을 찾아서 적으라.

....

....

....

다른 교훈(거짓된 좋은 소식)으로 다가오는 자들은 가까이하지 말라. 인사도 하지 말라.

하나님의 경고의 말씀을 가볍게 여기지 말라. 악한 자와 가까이하면 미혹을 받기 쉽다.

6. 디도서는 오늘날의 목사에 해당하는 사람 디도에게 쓴 글이다. 그래서 목회 서신이라고 한다. 디도서 3장 10절을 찾아 적으라.

....

....

....

....

목회자도 이단에 속한 사람은 한두 번 훈계할 뿐, 멀리해야 한다고 권고를 받는다. 잊지 말라.

이단은 가까이하지 말라. 인사도 하지 말라.

7. 야고보서 4장 7절을 찾아서 교훈의 말씀을 적으라.

....

....

....

....

말씀에 순종하라. 다른 교훈으로 다가오는 자는 집에 들이지 말고 인사도 하지 말라.

목회자도 이단은 한두 번 훈계할 뿐, 멀리해야 한다.

마귀는 대적해야 한다. 그래야 우리를 피한다.

III. 생활에서의 적용

1

마지막 심판 날에 대해서 당신은 얼마나 생각하며 살고 있는가?
저녁에 잠들기 전, 죽음과 심판 날을 생각하며, 회개(고백)하고 잠자리
에 드는가? 솔직하게 답해보라.

1) 한 번도 그런 일이 없다.
2) 가끔 생각하고 회개(고백)한다.
3) 항상 그렇게 한다.

요한계시록 22장 20절에 "이것들을 증언하신 이가 이르시되 내가 진실
로 속히 오리라 하시거늘 아멘 주 예수여 오시옵소서" 이런 말씀과 고
백이 나온다. "아멘 주 예수여 오시옵소서" 매일 저녁 이 말씀으로 고백
하며 기도하라. 심판 날(주님 오실 날)을 예비하며 살라. 그러면 삶이 달
라진다.

2

다른 교훈(거짓된 좋은 소식)으로 접근하는 이단을 본 적이 있는가? 어
떻게 했는가?
예수님의 교훈 그대로 이단이 많이 존재한다. 당신은 말씀대로 그들을
대적하고 멀리하는가?

1) 말씀대로 대적하고 멀리했다.
2) 말씀대로 하지 못했다.
3) 만난 적이 아직 없다.

말씀에 순종하라. 그렇지 않으면 심판받게 된다. 혹시 잘못이 있었으면 회개하고 돌이키라.

이단은 대적하고 멀리해야 한다. 인사하거나 교류하지 말라.

3 오늘 배움을 통해서 당신은 무엇을 배웠는가? 자신의 말로 간단하게 직접 적어보라

....

....

....

....

"이단에 속한 사람을 한두 번 훈계한 후에 멀리하라"
(디도서 3:10)

3과

선택
천국과 지옥

3과 선택
천국과 지옥

3과의 목표

예수님 가르침의 핵심이 천국과 지옥이다. 예수님은 재판장이시다. 예수님의 심판을 받고 천국이나 지옥으로 가게 된다. 그런데 예수님은 사람들이 꺼지지 않는 불(지옥)에 던져져서 영원한 형벌을 받는 것을 원하지 않으신다. 그래서 이 세상에 오셔서 회개를 먼저 말씀하신 것이다. 그리고 심판이 있다는 것을 설명하셨다. 그리고 죽은 후에 천국이나 지옥으로 사람이 나뉘어 가게 될 것을 말씀하신 것이다. 천국과 지옥이 있음을 성경을 통해서 확실하게 기억하자.

3과 핵심구절

"나더러 주여 주여 하는 자마다 다 **천국**에 들어갈 것이 아니요 다만 하늘에 계신 **내 아버지의 뜻대로 행하는 자라야 들어가리라**"(마 7:21)

예수님께서 전파하신 첫 말씀은 "회개하라"였고, 우리는 항상 회개(고백)해야 한다. 심판이 있기 때문이다. 마지막 날 심판이 있고, 천국과 지옥으로 사람의 갈 길이 갈리게 된다.

복습해 보자

1. 회개(고백)하는 삶을 연습하고 있는가?(미안해요, 괜찮아요 라는 말을 하는 가?)

2. 마지막 심판 날을 위해 예비하는 삶을 사는가?(자기 전 '주 예수여 오시옵 소서'라고 기도하는가?)

Ⅰ. 심판의 결과 - 천국과 지옥

천국과 지옥은 예수님께서 가르치신 중요한 교훈의 핵심이다. 성경을 보면 구약에서는 천국과 지옥에 대해서 함께 가르친 선지자가 거의 없다. 천국과 지옥에 관련된 나름대로의 내용이 있지만, 천국과 지옥에 관해 가장 명확하게 전하신 것은 예수님이었다. 따라서 '천국과 지옥'은 예수님의 가르침의 중요한 내용임을 기억해야 한다. 예수님은 재판장이시고, 심판 날 천국과 지옥으로 사람의 심판이 있을 것임을 말씀하신다.

구약에도 있지만, 신약에서 천국과 지옥에 대한 가르침이 더욱 명확하게 나온다. 그리고 성경의 마지막 책인 요한계시록에서 천국과 지옥의 결말에 대해서 아주 분명하게 계시해 주신다.

II. 천국

신약의 첫 책인 마태복음에서 예수님께서 언급하신 천국에 대한 말씀 중에 몇 가지를 함께 보자. 예수님의 말씀 전파의 시작을 보자. "이 때부터 예수께서 비로소 전파하여 이르시되 회개하라 천국이 가까이 왔느니라 하시더라"(마 4:17)

1. 마태복음 4장 23절을 찾아서 적으라.

....

....

....

마태복음 4장 23절은 예수님의 사역의 핵심을 설명하는 것이다. "예수께서 온 갈릴리에 두루 다니사 그들의 회당에서 가르치시며 천국 복음을 전파하시며 백성 중의 모든 병과 모든 약한 것을 고치시니"(마 4:23) 천국 복음이 핵심이었다.

예수님 가르침의 핵심인 산상수훈의 첫 말씀을 보자 "심령이 가난한 자는 복이 있나니 천국이 그들의 것임이요"(마 5:3) 보상을 받음에 대한 말씀을 보자. "의를 위하여 박해를 받은 자는 복이 있나니 천국이 그들의 것임이라"(마 5:10) 교훈을 주시면서 하시던 말씀을 보자. "그러므로 누구든지 이 계명 중의 지극히 작은 것 하나라도 버리고 또 그같이 사람을 가르치는 자는 천국에서 지극히 작다 일컬음을 받을 것이요 누구든지 이를

행하며 가르치는 자는 천국에서 크다 일컬음을 받으리라 내가 너희에게
이르노니 너희 의가 서기관과 바리새인보다 더 낫지 못하면 결코 천국에
들어가지 못하리라"(마 5:19-20)

2. 산상수훈 설교의 마지막 부분인 마태복음 7장 21절을 찾아서 적으라.

산상수훈 설교를 마치시면서 결론적으로 하시는 말씀은 "나더러 주여
주여 하는 자마다 다 천국에 들어갈 것이 아니요 다만 하늘에 계신 내 아
버지의 뜻대로 행하는 자라야 들어가리라"(마 7:21)는 말씀이었다. 예수님
의 선포, 예수님의 설교에는 '천국'이 많이 언급되고 있다.

참고로 마태복음에서는 '천국' 다른 복음서에서는 '하나님의 나라'로
나온다. 천국은 유대적 표현이고, 하나님 나라는 헬라적 표현이다. 우리
는 이곳에서 천국이라는 표현을 주로 보도록 한다.

예수님께서는 회당에서 주로 천국 복음을 전파하셨다. "예수께서 모
든 도시와 마을에 두루 다니사 그들의 회당에서 가르치시며 천국 복음을
전파하시며 모든 병과 모든 약한 것을 고치시니라"(마 9:35) 예수님께서 열
두 제자를 보내시면서 천국을 전파하라고 하셨다. "가면서 전파하여 말
하되 천국이 가까이 왔다 하고"(마 10:7) 천국을 얻기 위해 힘써야 함도 말
씀하셨다. "세례 요한의 때부터 지금까지 천국은 침노를 당하나니 침노

하는 자는 빼앗느니라"(마 11:12)

3. 마태복음 13장 11절을 찾아서 적으라. 천국 비밀은 모두가 알게 되는 가?

천국 비밀은 모든 사람의 것이 아님을 설명하셨다. "대답하여 이르시되 천국의 비밀을 아는 것이 너희에게는 허락되었으나 그들에게는 아니되었나니"(마 13:11)

그러면서 마태복음 13장에서 천국에 대한 일곱 가지 비유를 말씀하셨다.

1) 우선 씨 뿌리는 비유를 말씀하셨다. "아무나 천국 말씀을 듣고 깨닫지 못할 때는 악한 자가 와서 그 마음에 뿌려진 것을 빼앗나니 이는 곧 길 가에 뿌려진 자요"(마 13:19)

2) 둘째로 알곡과 가라지 비유를 말씀하셨다. "예수께서 그들 앞에 또 비유를 들어 이르시되 천국은 좋은 씨를 제 밭에 뿌린 사람과 같으니"(마 13:24)

3) 셋째로 겨자씨 한 알 비유를 말씀하셨다. "또 비유를 들어 이르시되 천국은 마치 사람이 자기 밭에 갖다 심은 겨자씨 한 알 같으니"(마 13:31)

4) 넷째로 누룩의 비유를 말씀하셨다. "또 비유로 말씀하시되 천국은

마치 여자가 가루 서 말 속에 갖다 넣어 전부 부풀게 한 누룩과 같으니라"(마 13:33)

5) 다섯째로 감추인 보화 비유를 말씀하셨다. "천국은 마치 밭에 감추인 보화와 같으니 사람이 이를 발견한 후 숨겨 두고 기뻐하며 돌아가서 자기의 소유를 다 팔아 그 밭을 사느니라"(마 13:44)

6) 여섯째로 좋은 진주 비유를 말씀하셨다. "또 천국은 마치 좋은 진주를 구하는 장사와 같으니"(마 13:45)

7) 일곱째로 물고기 그물 비유를 말씀하셨다. "또 천국은 마치 바다에 치고 각종 물고기를 모는 그물과 같으니"(마 13:47) 예수님께서는 이처럼 '천국' 이야기를 많이 하셨다.

천국 비유 일곱 가지를 말씀하시면서 결론적으로 하신 말씀을 보라.

4. 마태복음 13장 49-50절을 찾아 직접 적으라.

....

....

....

....

예수님의 천국 비유 말씀의 결론은 이렇다. "세상 끝에도 이러하리라 천사들이 와서 의인 중에서 악인을 갈라 내어 풀무불에 던져 넣으리니 거기서 울며 이를 갈리라"(마 13:49-50)

즉, 천국과 지옥(풀무불)이 있다는 것을 말씀하시는 것이다.

예수님의 제자들이 천국에서는 누가 큰지를 물었다(마 18:1). 그러자 예수님께서 말씀하셨다. "이르시되 진실로 너희에게 이르노니 너희가 돌이켜 어린 아이들과 같이 되지 아니하면 결단코 천국에 들어가지 못하리라"(마 18:3) 그러면서 누가 천국에서 큰 자인지 설명하셨다.

5. 마태복음 18장 4절을 찾아서 예수님의 설명을 쓰라.

예수님께서 말씀하셨다. "그러므로 누구든지 이 어린 아이와 같이 자기를 낮추는 사람이 천국에서 큰 자니라"(마 18:4) 사람들이 어린 아이들을 데리고 와서 예수님께 안수기도를 요청할 때, 예수님께서 중요한 말씀을 하시고 기도해 주셨다. "예수께서 이르시되 어린 아이들을 용납하고 내게 오는 것을 금하지 말라 천국이 이런 사람의 것이니라 하시고 그들에게 안수하시고 거기를 떠나시니라"(마 19:14-15)

6. 예수님께서 부자와 천국의 관계에 대해서 말씀하신 마태복음 19장 23절을 찾아 적으라.

예수님께서는 재물보다 하나님을 선택하라고 말씀하셨다. "너희가 하나님과 재물을 겸하여 섬기지 못하느니라"(마 6:24 후반) 그래서 부자에 대해서 이렇게 말씀하신 것이다. "예수께서 제자들에게 이르시되 내가 진실로 너희에게 이르노니 부자는 천국에 들어가기가 어려우니라"(마 19:23) 오해하지 말자. 부자는 천국에 들어가지 못한다고 말씀하신 것이 아니다. '어렵다'고 말씀하셨다. 조건이 나쁘다는 뜻이다. 구약의 지혜서인 잠언에는 이런 기도가 나온다. "나를 가난하게도 마옵시고 부하게도 마옵시고 오직 필요한 양식으로 나를 먹이시옵소서"(잠 30:8 후반) 부하게도 말아 달라는 이유는 이렇다. "혹 내가 배불러서 하나님을 모른다 여호와가 누구냐 할까 하오며"(잠 30:9 초반) 참고로 성경에 보면 아브라함을 비롯하여 부자였던 믿음의 사람들이 있다. 이들의 특징은 부자가 되어도 믿음이 변하지 않았다는 것이다. 그런데 많은 경우 부자가 되면 '변질'된다. 그렇기 때문에 천국에 들어가기 어렵다는 것이다.

예수님께서 일곱 가지 천국 비유를 말씀하신 후 심판 날에 대해서 말씀하셨다. "세상 끝에도 이러하리라 천사들이 와서 의인 중에서 악인을 갈라 내어 풀무불에 던져 넣으리니 거기서 울며 이를 갈리라"(마 13:49-50) 즉, 천국과 지옥(풀무불)이 있다는 것을 말씀하시는 것이다. 그렇다면 지옥은 어떤 곳인가?

III. 지옥

예수님께서 열두 제자를 파송하실 때 말씀하셨다. "몸은 죽여도 영혼은 능히 죽이지 못하는 자들을 두려워하지 말고 오직 몸과 영혼을 능히 지옥에 멸하실 수 있는 이를 두려워하라"(마 10:28) 그러면서 중요한 말씀을 하셨다. "누구든지 사람 앞에서 나를 부인하면 나도 하늘에 계신 내 아버지 앞에서 그를 부인하리라"(마 10:33) 베드로도 예수님을 부인하는 잘못을 범했지만 눈물로 회개하여 용서받았다. 잘못했을 때, 곧장 회개(고백)하라. 그래야 마지막 심판 날, 화를 면할 수 있다.

1. 마가복음 9장 43절을 찾아 보라. 지옥은 어떤 불이라고 말씀하는가?

....

....

....

....

예수님께서 말씀하셨다. "만일 네 손이 너를 범죄하게 하거든 찍어버리라 장애인으로 영생에 들어가는 것이 두 손을 가지고 지옥 곧 꺼지지 않는 불에 들어가는 것보다 나으니라"(막 9:43) 손을 찍어버리라는 말씀은 회개하라는 말씀이다. 단호한 결단을 촉구하는 말씀이다. 그러면서 지옥에 대해서 설명하셨다. 지옥 곧 "꺼지지 않는 불"이라고 말씀하신다. 지옥은 꺼지지 않는 불이다.

예수님께서 이런 말씀도 하셨다. "만일 네 발이 너를 범죄하게 하거든 찍어버리라 다리 저는 자로 영생에 들어가는 것이 두 발을 가지고 지옥에 던져지는 것보다 나으니라"(막 9:45) 회개의 중요성과 단호한 전환을 강조하신다. 지옥 때문이다. 이런 말씀도 하신다. "만일 네 눈이 너를 범죄하게 하거든 빼버리라 한 눈으로 하나님의 나라에 들어가는 것이 두 눈을 가지고 지옥에 던져지는 것보다 나으니라"(막 9:47) 우리 손이 범죄하게 하면 찍어버리라고 하신다. 발이 범죄하게 하면 찍어 버리라고 하신다. 우리 눈이 우리를 범죄하게 하면 빼 버리라고 하신다. 매우 극단적인 명령이다. 문자적 해석으로 받지 않고, 의미만 보더라도 상당히 강력하고 무서운 표현이다. 예수님께서 왜 이렇게 강렬한 말씀을 하시는가? 지옥이 나쁜 곳이기 때문이다. 가면 영원히 비참해지는 무시무시한 곳이기 때문이다.

예수님께서 지옥을 설명하신다.

2. 마가복음 9장 48-49절을 찾아 적으라

....

....

....

....

"거기에서는 구더기도 죽지 않고 불도 꺼지지 아니하느니라 사람마다 불로써 소금 치듯 함을 받으리라"(막 9:48-49)

지옥은 꺼지지 않는 불이다. 구더기도 죽지 않는다. 영원히 고통받는 형벌의 장소인데, 죽지도 못한다. 사람마다 불로 소금 치듯 함을 받을 것이라고 예수님께서 말씀하셨다. 음식에 소금을 치듯 우리 몸에 불로 소금 치듯 함을 받을 것이다. 순간에 죽이는 것이 아닌, 아주 전신에 받는 끊임없는 고통이 있을 것이라는 의미이다.

예수님은 재판장이시다. 의로운 분이다. 선하시고, 사랑이 크시다. 따라서 사람들이 꺼지지 않는 불에 던져져서 영원한 형벌을 받는 것을 원하지 않으신다. 그래서 이 세상에 오셔서 회개(고백)를 먼저 말씀하신 것이다. 그리고 심판이 있다는 것을 설명하신 것이다. 그리고 그 후에 천국과 지옥으로 사람이 나누이게 될 것을 말씀하신 것이다. 회개하고 예수님을 믿는 자에게 심판을 면하게 해 주시려는 것이다.

요한계시록 20장에서 마지막 날, 크고 흰 보좌에 앉으신 주님의 심판이 있음을 설명하신다. 생명책과 사람들의 행위가 기록 된 다른 책의 기록대로 심판을 받게 된다. 그리고 누가 지옥(불못)에 가는지를 설명한다.

3. 요한계시록 20장 15절을 찾아 적으라. 누가 지옥에 던져지는가?

....

....

....

....

하나님의 말씀은 분명하게 말씀한다. "누구든지 생명책에 기록되지 못한 자는 불못에 던져지더라"(계 20:15)

4. 요한계시록 21:8절을 찾아 적으라. 지옥에 던지울 자에 대해서 보다 구체적으로 설명한다.

....

....

....

....

하나님의 말씀은 꺼지지 않는 불과 유황으로 타는 못에 던지울 사람에 대해서 설명한다. "그러나 두려워하는 자들과 믿지 아니하는 자들과 흉악한 자들과 살인자들과 음행하는 자들과 점술가들과 우상 숭배자들과 거짓말하는 모든 자들은 불과 유황으로 타는 못에 던져지리니 이것이 둘째 사망이라"(계 21:8)

IV. 새 예루살렘 성

요한계시록 21-22장에 새 예루살렘 성에 대한 이야기가 나온다. 천국을 말씀한다. 신부가 남편을 위하여 단장한 것 같이 최고로 단장이 된 아름다운 성이라고 설명한다. 그곳에서 하나님께서 친히 함께하셔서 모든 눈물을 씻으실 것이고, 다시는 죽음이 없고, 애통하는 것, 아픈 것도 없을 것이라고 말씀한다. 그 성의 빛이 아주 귀한 보석 같고 수정같이 맑다고 말씀한다(계 21:11). 성은 네모반듯한데 넓이, 높이, 길이가 동일하다. 이 지구상에서는 사람이 결코 만들 수 없는 엄청나게 크게 아름다운 성이다. 길이와 너비가 각각 만 이천 스다디온이다. 스다이온은 큰 운동경기장 스타디움(stadium)을 뜻한다. 14만 4천 명이 각각 큰 운동 경기장만한 스타디움만한 집을 1채씩 갖는다고 하더라도, 1,000분의 1 즉, 0.1%만 차지하는 것이다. 즉 천국은 문자적으로 봐도 엄청나게 크다. 한 층만 봐도 그렇다. 천국은 역시 그 높이가 세계 최고의 산인 에베레스트산(8,848m)의 100배가 훨씬 넘는 엄청난 성이다. 에베레스트산의 높이를 1층으로 잡아도 100층을 훨씬 넘는다. 즉, 천국을 상징하는 예루살렘 성은 문자적 계산으로 봐도 온 인류가 다 들어가도 충분하고 남는 크기다. 이것이 모두 정금이다.

성곽은 벽옥으로 쌓았고, 성곽의 기초석은 각색 보석으로 꾸몄다. 무지갯빛처럼 아름다운 색깔로 구성된 것이다. 성은 정금으로 만들어졌다. 맑은 유리 같은 정금으로 전체가 만들어졌다. 동서남북으로 각각 세 문이 있어서 12개의 문이 있다. 문마다 진주 하나로 만들어졌다. 엄청나게 큰 진주로서 이 세상에서는 결코 볼 수 없는 귀한 것이다.

크고 아름다운 새 예루살렘 성 안에 하나님과 어린 양(예수님)의 보좌가 있고 맑은 생명수의 강이 흐른다. 생명강가 좌우에 생명나무가 있어서 열두 가지 실과를 달마다 맺는다. 이처럼 하나님은 예루살렘 성의 외형은 설명해주셨지만, 내부의 모습은 밝히지 않으셨다. 하나님께서는 우리가 영원히 누릴 아름다운 그곳의 내면을 기대하기를 원하신다. 우리에게 설명하신 새 예루살렘 성의 밖만 상상해보아도 눈이 휘둥그레질 수밖에 없다. 그런데 그것은 포장에 불과한 셈이다. 그 안에는 우리를 놀라게 할 천국의 놀라운 영광과 한없이 누릴 은총이 준비되어 있다.

V. 생활에서의 적용

1 천국에 대해서 생각해 본 적이 있는가?
1) 한 번도 그런 일이 없다.
2) 가끔 생각한다.
3) 항상 생각한다.

요한계시록 22장 20절에 있는 "아멘 주 예수여 오시옵소서"라는 말을 매일 저녁 고백하며 기도하라.
심판 날(주님 오실 날)을 예비하며 살라. 천국을 생각하며 살라. 그러면 삶이 달라진다.

2 지옥에 대해서 생각해 본 적이 있는가?
다른 교훈(거짓된 좋은 소식)으로 접근하는 이단을 본 적이 있는가?
어떻게 했는가?
1) 말씀대로 대적하고 멀리했다.
2) 말씀대로 하지 못했다.
3) 만난 적이 아직 없다.

이단과는 인사도 하지 말라. 말씀에 순종하라. 심판이 있다. 그리고 지옥은 분명히 있다.

3 오늘 배움을 통해서 당신은 무엇을 배웠는가? 자신의 말로 간단하게 직접 적어보라.

"세상 끝에도 이러하리라 천사들이 와서 의인 중에서 악인을 갈라 내어 풀무 불에 던져 넣으리니 거기서 울며 이를 갈리라"(마태복음 13:49-50)

Practical Church Life

4과

제자
복음을 믿음

4과 제자
복음을 믿음

4과의 목표

천국에 가는 선택을 하기 원한다면 복음을 믿어야 한다. 하나님의 아들 예수 그리스도를 믿으라. 그리고 이제부터 예수님의 제자로 살아야 한다. 자기 생각을 내려놓고, 자기 십자가를 지고(희생적으로), 예수님의 뜻을 따라가야 한다. 이것이 제대로 되어야 유익한 교회생활을 하게 된다.

4과 핵심구절

"하나님이 세상을 이처럼 사랑하사 독생자를 주셨으니 이는 그를 믿는 자마다 멸망하지 않고 **영생을 얻게 하려 하심이라**"(요 3:16)

예수님께서 전파하신 첫 말씀은 "회개하라"였으므로, 우리는 항상 회개(고백)해야 한다. 심판이 있기 때문이다. 마지막 심판 날, 천국과 지옥으로 사람의 갈 길이 갈리게 된다.

복습해 보자

1. 회개(고백)하는 삶을 연습하고 있는가?(미안해요, 괜찮아요 라는 말을 하는 가?)

2. 마지막 심판 날을 위해 예비하는 삶을 사는가?(자기 전 '주 예수여 오시옵 소서'라고 기도하는가?)

3. 천국(새 예루살렘 성)을 묵상하고, 사모하며 살고 있는가? 지옥을 생각해 보곤 하는가?

Ⅰ. 복음을 믿음 - 예수님을 믿음

최후의 심판 날, 천국에 가는 것은 복음을 믿는 사람에게 주어지는 은총이다. 예수님께서 전파하실 때, "회개하라 천국이 가까이 왔느니라"(마 4:17)고 하셨고, "때가 찼고 하나님의 나라가 가까이 왔으니 회개하고 복음을 믿으라"고 하셨다(막 1:15).

신약의 첫 네 권의 책은 복음서라고 불린다. 마태복음, 마가복음, 누가복음, 그리고 요한복음이다. 왜 이 책들이 복음서라고 불리는가? 이 책들은 예수님의 생애를 기록하고 있다. 즉, 예수님이 복음의 핵심이다. 복음은 좋은 소식이라는 뜻이다. 좋은 소식의 핵심은 예수님이다. 따라서 복음을 믿는 것은 예수님을 믿는 것이다.

1. 복음서가 쓰인 이유가 무엇인가? 요한복음 20장 31절을 찾아 적으라.

....

....

....

....

복음서가 쓰인 이유는 예수님을 믿고, 생명을 얻게 하려 함이다.

예수님께서 제자들에게 말씀하셨다. "너희는 마음에 근심하지 말라 하나님을 믿으니 또 나를 믿으라"(요 14:1) 그러면서 "내 아버지 집에 거할 곳이 많다 … 내가 너희를 위하여 거처를 예비하러 가노니"라고 말씀하셨다(요 14:2). 천국 새 예루살렘 성에서 우리 거할 곳을 예비하시겠다는 약속이다. 그러면서 "가서 너희를 위하여 거처를 예비하면 내가 다시 와서 너희를 내게로 영접하여 나 있는 곳에 너희도 있게 하리라"고 약속하셨다(요 14:3). 이것이 다시 오실 재림의 약속이다. 예수님의 제자 도마가 그곳에 가는 길을 묻자 예수님께서 유명한 말씀을 하셨다. 그 말씀을 찾아 적자.

2. 요한복음 14장 6절을 찾아 천국에 가는 길에 관한 예수님의 말씀을 직접 적으라.

_____

_____

_____

_____

천국에 가는 길은 예수님을 통해서 가는 것이다. 예수님이 "길이요 진리요 생명"이시다. 예수님을 통하지 않고 하나님 아버지가 계시는 천국에 갈 수 있는 사람은 없다는 것이 예수님의 말씀이다.

사도 바울이 빌립보에서 매를 맞고 감옥에 갇혔을 때, 밤에 큰 지진이 나서 옥문이 다 열리고 매인 것이 다 벗어졌다. 죄수들이 도망하면 지키지 못한 간수가 죽임을 당한다. 죄수가 다 도망갔을 거라 생각한 간수가 자살을 하려고 하자 바울이 그러지 말라고 크게 소리 질러서 자살을 막는다. 도망가지 않은 바울을 보고 놀란 간수는 바울 앞에 엎드려서 구원을 얻는 도리에 대해서 질문한다. 그러자 바울이 구원을 얻는 길에 대해서 설명한다.

3. 사도행전 16장 31절을 찾아 바울의 말을 적으라.

....

....

....

....

이 말씀은 매우 유명한 말씀이다. "주 예수를 믿으라 그리하면 너와 네 집이 구원을 받으리라"

예수님을 믿어야 한다. 그래야 구원을 받는다.

사도 바울이 로마서에서 구원의 도리에 대해서 설명한다.

4. 로마서 10장 9절을 찾아서 바울의 설명을 적으라.

....

....

....

....

예수님을 마음으로 믿고, 입으로 주님으로 시인하면 구원을 받는다고 설명한다. "사람이 마음으로 믿어 의에 이르고 입으로 시인하여 구원에 이르느니라"(롬 10:10)

예수님께서 니고데모라는 유대인 지도자와 말씀하실 때, 사람이 거듭 나야 하나님 나라를 본다고 말씀하셨다(요 3:3). 물과 성령으로 나야 천국 (하나님 나라)에 들어간다고 하셨다(요 3:5). 물과 성령으로 거듭나는 일에 대해서 니고데모가 질문하자 예수님께서 구약에 나오는 예를 들어 설명하셨다. "모세가 광야에서 뱀을 든 것 같이 인자도 들려야 하리니 이는 그를 믿는 자마다 영생을 얻게 하려 하심이니라"(요 3:14-15) 이것은 구약 민수기 21장에 나온 이야기가 배경이다.

이스라엘 백성이 하나님과 모세를 원망했다(민 21:5). 하나님께서 불뱀을 보내 백성을 물게 하셨고, 많은 사람이 죽었다(민 21:6). 백성들이 모세에게 와서 하나님과 모세를 원망한 죄를 회개하고 구원을 요청한다(민 21:7). 그러자 하나님께서 모세에게 불뱀을 만들어 장대 위에 달라고 하신다. 물린 자마다 그것을 보면 살 것이라고 하셨다(민 21:8). 상식적으로 생각해 보라. 불뱀에 물려 죽게 되었는데, 장대에 만든 놋뱀을 본다고 나을 수 있는가? 바로 이것은 '믿음의 테스트'인 것이다. 지식적으로는 치유될 이유가 없다. 그러나 '믿음'으로 볼 것인가? 바로 그 테스트였던 것이다. 모세가 놋뱀을 만들어 장대 위에 달았고, 뱀에게 물린 사람 중에 누구든지 놋뱀을 쳐다보면 살았다(민 21:9). 믿음을 가지면 살았다. 인자는 예수님을 말하고, 놋뱀처럼 십자가에 달릴 것을 말씀하시는 것이다. 십자가에 달리신 예수님을 믿음으로 바라보면 죽지 않고, 영생을 얻게 된다는 말씀이다. '믿음'의 중요성을 설명하시는 것이다. 이 설명을 하시면서 바로 다음으로 예수님께서 하신 성경 구절 중 가장 유명한 말씀이 있다.

5. 요한복음 3장 16절을 찾아 적으라. 예수님께서 하신 말씀이다.

....

....

....

....

이 말씀은 외우라. "하나님이 세상을 이처럼 사랑하사 독생자를 주셨으니 이는 그를 믿는 자마다 멸망하지 않고 영생을 얻게 하려 하심이라"(요 3:16) 예수님을 믿으라. 그분이 구원자 되심을 믿고, 주로 섬겨라. 그리고 구원을 얻으라. 영생을 얻으라.

예수님을 믿는 것은 동시에 "제자"가 되는 것을 의미한다. 예수님이 주님이므로, 우리는 종이라고 할 수 있다. 그 외에 교인(가르침을 따르는 사람, 교회에 다니는 사람)이라고 하기도 하고, 신자(믿는 사람)이라고 하기도 하고, 성도(거룩한 무리)라고 부르기도 한다. 그런데 신약 성경에서는 주로 '제자'라는 단어를 사용하고 있으며, 이는 우리도 자주 사용하는 표현이다. 제자도에 대해서 생각해 보자. 이것이 예수님을 믿는 사람들이 따라야 할 길에 해당하기 때문이다.

II. 제자도

예수님께서 십자가에서 죽으시고 부활하신 후, 제자들에게 명령하신 지상명령이 있다. "예수께서 나아와 말씀하여 이르시되 하늘과 땅의 모든 권세를 내게 주셨으니 그러므로 너희는 가서 모든 민족을 제자로 삼아 아버지와 아들과 성령의 이름으로 세례를 베풀고 내가 너희에게 분부한 모든 것을 가르쳐 지키게 하라 볼지어다 내가 세상 끝날까지 너희와 항상 함께 있으리라 하시니라"(마 28:18-20) 예수님께서 모든 민족을 제자로 삼으라고 하셨다. 교인, 신자, 성도, 혹은 무엇이라고 부르든 정말 중요한 것은 제자를 삼는 것이다. 세례를 베풀고, 예수님께서 분부한 모든 것을 가르쳐 지키게 해야 한다. 그것이 교회의 사명이다.

1. 예수님께서 제자들에게 이르신 제자도는 무엇인가? 마태복음 16장 24절을 찾아 적으라.

제자는 예수님을 '따라가는 자'이다. 순종하는 사람이다. 그러려면 자기를 부인해야 한다. 자기 뜻을 포기해야 한다. 그리고 자기 십자가, 즉 하나님께서 주신 자기 사명에 순종하며 예수님을 따라야 한다.

* 자기 포기를 할 생각이 없다면, 교회에서 직분자가 되지 말라. 당신은 교회를 해롭게 할 것이다.

　수많은 사람들이 예수님과 함께 갈 때, 예수님께서 이런 말씀을 하셨다. "무릇 내게 오는 자가 자기 부모와 처자와 형제와 자매와 더욱이 자기 목숨까지 미워하지 아니하면 능히 내 제자가 되지 못하고 누구든지 자기 십자가를 지고 나를 따르지 않는 자도 능히 내 제자가 되지 못하리라"(눅 14:26-27) 미워한다는 것은 당시 표현으로 비추어볼 때 예수님을 선택해야 한다는 뜻이다. 그것이 명확해야 제자가 된다.

2. 누가복음 14장 33절을 찾아 적으라. 제자도에서 중요한 말씀 중 하나이다.

....

....

....

....

　예수님께서는 우리가 하나님과 재물을 겸하여 섬길 수 없다고 분명하게 말씀하셨다(마 6:24). 사도 바울도 "돈을 사랑함이 일만 악의 뿌리"가 된다고 말했다. "돈을 사랑함이 일만 악의 뿌리가 되나니 이것을 탐내는 자들은 미혹을 받아 믿음에서 떠나 많은 근심으로써 자기를 찔렀도다"(딤전 6:10)

　오해하지 말자. 돈이 악의 뿌리가 아니다. '돈을 사랑함'이 일만 악의 뿌리가 되는 것이다. 재물은 중립적이다. 예수님께서도 우리에게 일용할 양식을 구하라고 하셨다. 우리에게 필요한 것은 있어야 한다. 그러나 돈을 사랑해서, 부자가 되려는 마음을 품지 말라는 것이다.

자기 모든 소유를 버리라는 말씀도 당시의 표현으로 선택에 관한 말씀이다. 하나님이냐? 돈이냐? 이런 선택에서 분명한 물질 포기의 자세를 가져야 예수님의 제자가 될 수 있다는 말씀이다.

* 물질에 관한 설교나 가르침이 귀에 거슬리는가? 교회에서 직분자가 되지 말라. 특히 중요한 직분자가 되지 말라. 당신은 교회를 해롭게 할 확률이 높은 사람이다. 아직 참된 제자가 아니기 때문이다. 준비가 된 후에 직분자가 되라. 그것이 스스로를 위해, 교회를 위해 유익하다.

예수님에게 한 사람이 찾아와서 영생을 얻는 방법에 대해서 질문했다. 예수님께서 그와 대화를 하신 후, 그에게 가진 재물을 다 팔아서 가난한 사람들에게 나누어주라고 말씀했다. 그러면 하늘에서 보화가 있을 것이라고 말씀하셨다(막 10:21). 그리고 예수님을 따라오라고 하셨다. 제자가 되라는 말씀이었다. 그러나 그는 그 말씀을 따르지 않았다. 왜냐하면 그는 재물이 많은 부자였기 때문이다. 그러자 예수님께서 제자들에게 말씀하셨다.

3. 마가복음 10장 23절을 찾아 적으라. 부자는 천국에 들어가기가 쉬운 가?

....

....

....

　예수님께서 "재물이 있는 자는 하나님의 나라에 들어가기가 심히 어렵도다"라고 하셨다. 불가능은 아니지만, 매우 어렵다고 하셨다. 같은 말씀을 마태복음 19장 23절에서 이렇게 말씀한다. "예수께서 제자들에게 이르시되 내가 진실로 너희에게 이르노니 부자는 천국에 들어가기가 어려우니라"(마 19:23)

　제자들이 놀라자 예수님께서 다시 말씀하셨다. "얘들아 하나님의 나라에 들어가기가 얼마나 어려운지 낙타가 바늘귀로 나가는 것이 부자가 하나님의 나라에 들어가는 것보다 쉬우니라"(마 10:24-25) 참고로 바늘귀는 우리가 흔히 생각하는 바늘구멍이 아니라, 예루살렘 성에 있는 작은 문을 의미하는 표현이었다. 낮에는 큰 문으로 다니지만, 저녁에는 닫는다. 그리고 비상시에 다닐 수 있는 작은 문이 있었다. 그것이 '바늘귀'라고 일컬어지던 것이었다. 즉, 들어갈 수는 있다. 그러나 낙타가 무릎을 꿇어야 들어갈 수 있는 작은 문이었다. 앞에서도 설명했듯이 불가능은 아니지만, 어렵다. 왜냐하면 많은 경우 부자가 되면 교만해지기 때문이다.

* 당신은 부자가 되고 싶은가? 천국에 가고 싶은가? 홀로 잠시 묵상해 보라.

    예수님의 제자들은 궁금한 것이 있었다. '천국에서는 누가 큰가? 즉, 누가 높은가?' 하는 것이었다(마 18:1). 예수님께서 한 어린아이를 불러 제자들 가운데 세우시고 설명하셨다. "이르시되 진실로 너희에게 이르노니 너희가 돌이켜 어린 아이들과 같이 되지 아니하면 결단코 천국에 들어가지 못하리라"(마 18:3)

4. 마태복음 18장 4절을 찾아 적으라. 천국에서는 누가 큰 사람인가?

    "그러므로 누구든지 이 어린 아이와 같이 자기를 낮추는 사람이 천국에서 큰 자니라"(마 18:4)
    예수님은 온유하고 겸손한 분이었다. 우리도 그분을 닮아 온유하고 겸손한 자가 되려고 노력해야 한다.

한번 예수님의 제자가 되면 영원한 제자인가? 제자훈련을 받으면, 영원한 제자인가? 그렇지 않다. 예수님께서 보리떡 다섯 개와 물고기 두 마리로 오천 명쯤 되는 사람을 배불리 먹이셨다. 놀라운 기적이었다. 사람들은 예수님이 왕이 되면 경제 문제가 해결될 것으로 보아 예수님을 왕으로 삼고 싶어 했다(요 6:14-15). 그런데 예수님은 사람들이 원하는 경제 문제 해결과 상관없는 길을 가셨다. 그러자 예수님의 제자 중에서 많은 사람이 떠나가고 다시는 그와 함께 다니지 않았다(요 6:66). 제자로 따른다고 영원히 따르는 것은 아니다. 예수님께서 그의 핵심 제자인 열두 제자에게 질문하셨다. "너희도 가려느냐?"(요 6:67) 베드로가 충성스러운 답변을 하고 열둘 모두 남았다. 그러나 예수님께 남은 사람도 다 충성된 제자는 아니었다.

5. 요한복음 6장 70절을 찾아 적으라.

....

....

....

....

이 말씀은 가룟 시몬의 아들 유다를 가리키신 말씀이다(요 6:71). 그는 열둘 중의 하나였지만, 예수님을 배반하고 팔아넘길 자였다. 그래서 예수님께서 "너희 중의 한 사람은 마귀니라"고 하신 것이다. 교회에 다니고 직분자이고, 지도급에 해당한다고 해서 모두 참 제자는 아니다. 마귀 같은 존재도 있다.

예수님께서 제자들에게 주의하라고 하신 것이 있다.

6. 누가복음 12장 1절을 찾아 예수님께서 제자에게 말씀하신 주의사항을 적으라.

....

....

....

....

예수님께서는 구제, 기도, 금식 같은 선한 일도 사람에게 보이려고 외식하지 말라고 하셨다(마 6:1-18). 예수님의 제자는 하나님을 인식해야 한다. 사람을 의식하고 사람에게 보이려고 하는 외식을 버려야 한다.

7. 참된 예수님의 제자가 되려면 어떻게 해야 하는가? 요한복음 8장 31절을 찾아 적으라.

....

....

....

....

예수님 말씀을 듣고 배우고, 그 말씀대로 살아야 한다. 그 말씀에 거해야 한다.

예수님께서 자신을 참 포도나무, 우리 제자를 나뭇가지로 비유하셨다. 그러면서 "내 안에 거하라"고 말씀하셨다. "나는 포도나무요 너희는 가지라 그가 내 안에, 내가 그 안에 거하면 사람이 열매를 많이 맺나니 나를 떠나서는 너희가 아무 것도 할 수 없음이라"고 하셨다(요 15:5).

우리는 교회에 말씀을 듣기 위해 모인다. 교회에서 제자로서 예수님의 말씀, 가르침을 받는다. 그래서 말씀 안에 거하고, 열매를 맺는 것이다.

* 말씀에 관심이 없다면, 당신은 제자가 아니다. 교회에서 직분자가 되지 말라. 교회를 망치게 된다.

8. 요한복음 15장 8절을 찾아 적으라.

예수님께서는 하나님 아버지의 영광을 위해서 사셨다. 우리도 예수님의 제자로서 하나님 아버지의 영광을 위하여 살아야 한다. 교회는 하나님의 영광을 위해 존재한다. 이것을 위해 우리는 교회에 모이는 것이다. 하나님께 영광을 돌리라.

III. 생활에서의 적용

1 복음, 예수님을, 유일한 길로 믿는가? 마음으로 믿고, 입으로 시인하는가? (솔직하게 답해보라)

1) 아직 그렇게 하지 못했다.

2) 약하게 믿긴다.

3) 확실히 믿고 시인한다.

예수님을 마음으로 믿고, 입으로 주님으로 고백해야 한다. 이것을 확실하게 해야 구원을 얻는다.

2 당신은 제자인가?

1) 아직은 아니다.

2) 따르려고 노력한다.

3) (부족하지만)제자로서의 삶을 살고 있다.

제자로 살기 위해 항상 애쓰라.

3 오늘 배움을 통해서 당신은 무엇을 배웠는가? 자신의 말로 간단하게 직접 적어보라.

"이에 예수께서 제자들에게 이르시되 누구든지 나를 따라오려거든 자기를 부인하고 자기 십자가를 지고 나를 따를 것이니라"(마태복음 16:24)

Practical Church Life

5과

교회
부름받은 공동체

5과 교회
부름받은 공동체

5과의 목표

교회는 부름 받은 사람들의 모임(공동체)이다. 회개하고 예수 그리스도를 믿고 따르는 제자가 되어 천국에 갈 사람들의 공동체가 교회다. 하나님의 부르심을 받았으니 '들을 귀'를 가져야 한다.

교회는 예수님의 말씀, 성령께서 하시는 말씀을 들을 귀를 가지고 듣고, 순종해야 한다.

우리의 마음은 밭과 같아서, 좋은 밭이 되어야 좋은 열매를 맺는다. 들을 귀를 가지고 옥토와 같은 마음으로 말씀을 받아야 유익한 교회생활을 할 수 있다.

5과 핵심구절

"**귀 있는 자**는 성령이 교회들에게 하시는 **말씀을 들을지어다**"(계 3:13)

예수님께서 전파하신 첫 말씀 "회개하라"를 기억하고, 우리는 항상 회개(고백)해야 한다. 마지막 심판 날, 천국과 지옥으로 가게 된다. 천국에 가기 위해 우리는 예수님을 믿는 제자가 되어야 한다.

복습해 보자

1. 회개(고백)하는 삶을 연습하고 있는가?(미안해요, 괜찮아요 라는 말을 하는 가?)

2. 마지막 심판 날을 위해 예비하는 삶을 사는가?(자기 전 '주 예수여 오시옵 소서'라고 기도하는가?)

3. 천국(새 예루살렘 성)을 묵상하고, 사모하며 살고 있는가? 지옥을 생각해 보곤 하는가?

4. 예수님을 믿으며, 제자로서 살아가고 있는가?

Ⅰ. 교회 : 부름받은 제자의 공동체

교회라는 말은 신약 성경에 나온다. 헬라어 원어로 '에클레시아'이다. 이것은 본래 종교적인 단어가 아니다. 민회(民會)처럼, 부름받고 모인 사람들이라는 뜻이다. 어떤 이유가 있어서 소집 요청을 받고 모인 공동체를 의미한다. 이 단어는 예수님을 믿는 사람들의 모임에서 먼저 사용했다. 즉, '부름받은 사람들의 모임'을 뜻한다. 그리고 이것은 기독교 교회에서 "예수님을 믿고 따르는 제자로 부름받은 사람들의 모임"이라는 뜻이 된다. 그래서 전통적으로 간단하게 '예수님을 믿는 공동체'라고 설명한다.

중요한 것은 '부름받은 공동체'라는 것이다. 즉, 부름이 있어서 모인 공동체이다. 예수님을 믿으라는 부름이 있어서 모인 공동체이다. '부르심'은 '들음'이라는 반응을 필요로 한다. 따라서 교회라는 공동체는 하나님의 부르심과 사람의 '들음'으로 이루어지는 것이다. 따라서 교회에서 가장 중요한 것은 하나님의 부르심 즉, '말씀'과 들음 즉, '순종'이다. 이것을 위해 교회에 필요한 것은 온전한 말씀의 선포와 제자들의 온전한 순종이 중요한 것이다. 말씀 선포에 대해서 다음에 보기로 하고 우선 여기서는 믿는 성도들, 제자들의 들음에 대해서 먼저 다루기로 하자.

들음이 중요하다. 로마서 10장 17절에서 "그러므로 믿음은 들음에서 나며 들음은 그리스도의 말씀으로 말미암았느니라"고 말씀한다. 그리스도의 말씀을 들어야 믿음이 생기는 것이다. 따라서 듣는 것이 중요하다.

"귀 있는 자는 들으라" 이것은 예수님께서 사용하신 표현이었다. 성경에서 다른 사람은 거의 사용한 적이 없다. 그야말로 예수님의 트레이드 마크(등록 상표)와 같은 말씀이었다.

　네 개의 복음서 중 첫 세 복음서를 공관복음(共觀福音)이라고 한다. 같은 관점으로 쓰인 복음이라는 뜻이다.

1. 마태복음 11장 15절을 찾아서 예수님의 말씀을 적으라.

....

....

....

　마태복음 13장에서 예수님께서 일곱 가지 천국 비유를 말씀하신다. 이때에도 그 말씀을 하신다.

2. 마태복음 13장 9절을 찾아서 예수님의 말씀을 적으라.

....

....

....

　계속해서 천국 비유를 말씀하면서 마태복음 13장 43절에서 "그 때에 의인들은 자기 아버지 나라에서 해와 같이 빛나리라 귀 있는 자는 들으라"고 말씀하신다.

마태복음 다음에 나오는 마가복음에서도 같은 말씀이 반복적으로 나온다. 마가복음 4장 9절에서 "또 이르시되 들을 귀 있는 자는 들으라 하시니라"는 말씀이 나온다.

3. 마가복음 4장 23절을 찾아서 예수님이 하신 말씀을 적으라.

역시 "들을 귀 있는 자는 들으라"는 말씀을 하신다.
마태복음, 마가복음 다음에 나오는 누가복음에서도 같은 내용이 반복적으로 나온다.

4. 누가복음 8장 8절을 찾아서 예수님께서 하신 말씀을 적으라.

예수님께서 말씀을 하신 후, 소리치셨다. "들을 귀 있는 자는 들을지어다!" 예수님께서 말씀을 하시자, 말씀을 판단하는 자들이 비판을 시작했다. 예수님께서는 비판을 피하시기 위해서 비유를 사용하셨다. 그러면서 하신 말씀이 들을 귀 있는 자는 들으라고 하신 것이다. 말씀을 비판하려고 듣는 것이 아니라, 믿기 위해서 듣는 사람을 향해서 하시는 말씀인 것이다.

* 예수님께서 들을 귀 있는 자는 들으라고 말씀하셨다. 그 답답하신 마음이 느껴지는가?

....

....

....

네 번째 복음서인 요한복음에서는 이 표현이 나오지 않지만, 대신 요한계시록에서 여러 번 나온다. 복음서에서는 대중을 향해서 하신 말씀이다. 예수님의 말씀을 듣기 위해 몰려온 많은 사람을 향해서 하신 말씀이다. 그러나 요한계시록에서는 교회들에 하시는 말씀이다. 따라서 교회 안에 특별히 들을 귀가 얼마나 중요한 것인지가 강조되는 것이다.

II. 들을 귀와 교회

요한계시록에 보면 예수님께서 일곱 교회를 향해서 주시는 말씀이 있다. 그 말씀에는 공통점과 차이점이 있다. 여기서는 공통점만 보겠다. 한 가지 분명한 공통점은 귀 있는 자는 말씀을 들으라는 것이다. 이것은 들을 귀의 중요성을 말씀하시는 것이다.

1. 요한계시록 2장 1-7절은 첫 교회 에베소 교회를 향한 주님의 말씀이다. 요한계시록 2장 7절을 찾아 적으라.

....

....

....

....

"귀 있는 자는 성령이 교회들에게 하시는 말씀을 들을지어다"라는 말씀을 한다. 역시 예수님의 트레이드 마크(등록 상표) 같은 표현이다. 예수님은 교회에 속한 제자들이 들을 귀를 가지고 말씀 듣기를 원하신다.

2. 요한계시록 2장 8-11절은 두 번째 교회인 서머나 교회를 향한 주님의 말씀이다. 요한계시록 2장 11절을 찾아 주님의 말씀을 직접 적으라.

_____

_____

_____

_____

예수님의 간절한 심정이 느껴지는가? 말씀을 듣기 원하시는 주님의 간절한 마음을 깨달으라.

3. 요한계시록 2장 12-17절은 세 번째 교회인 버가모 교회를 향한 말씀이다. 요한계시록 2장 17절을 찾아 주님의 말씀을 적으라.

_____

_____

_____

_____

모든 교회를 향해서 하시는 동일한 말씀 "귀 있는 자는 성령이 교회들에게 하시는 말씀을 들을지어다"라는 말씀에서, 말씀을 듣기 원하시는 주님의 간절한 심정이 계속 담겨있음을 알 수 있다.

4. 요한계시록 2장 18-29절은 네 번째 교회인 두아디라 교회를 향한 말씀이다. 요한계시록 2장 29절을 찾아 주님의 말씀을 적으라.

....

....

....

끊임없이 반복되는 결론, "귀 있는 자는 성령이 교회들에게 하시는 말씀을 들을지어다"라는 말씀에서 주님의 간절하신 마음이 느껴진다. "말씀을 들으라"

5. 요한계시록 3장 1-6절은 다섯 번째 교회인 사데 교회를 향한 말씀이다. 요한계시록 3장 6절을 찾아 주님의 말씀을 적으라.

....

....

....

같은 말씀이 계속 나온다. 그만큼 예수님께서 중요하게 생각하시는 것이다. 교회 안에서 제자들은 말씀을 들어야 한다.

6. 요한계시록 3장 7-13절은 여섯 번째 교회인 빌라델비아 교회를 향한 말씀이다. 주님께서 칭찬하시는 교회이다. 요한계시록 3장 13절을 찾아 주님의 말씀을 적으라.

_____

_____

_____

칭찬만 듣는 교회도 역시 들을 귀를 가지고 말씀을 들어야 한다. 계속 잘 들어야 하는 것이다.

7. 요한계시록 3장 14-22절은 일곱 번째 교회인 라오디게아 교회를 향한 말씀이다. 책망만 받는 교회이다. 요한계시록 3장 22절을 찾아 주님의 말씀을 적으라.

_____

_____

_____

책망만 받는 교회도 역시 들을 귀를 가지고 말씀을 들어야 한다. 제발 잘 들어야 하는 것이다.

일곱 교회를 보면 칭찬만 받는 교회, 칭찬과 책망을 받는 교회, 그리고 책망만 받는 교회가 나온다. 즉 시대와 지역에 따라서 교회는 다른 모습을 가지고 있다. 그러나 언제고 분명하고 동일한 말씀이 있다. 그것은 들을 귀를 가지라는 것이다. 교회는 부름 받은 예수님을 따르는 제자의 공동체이다. 좋은 교회(공동체), 보통 교회(공동체), 나쁜 교회(공동체) 모두 말씀에 귀를 기울이고 듣고 순종해야 하는 것이다. "귀 있는 자는 성령이 교회들에게 하시는 말씀을 들을지어다" 이 말씀은 어느 시대이건 어느 지역에서건 들을 귀를 가지고 말씀을 들으라는 명령이다.

교회에서 제자로서 중요한 것은 '들음'이다. '들을 귀'를 갖는 것이다.

* 당신은 들을 귀를 가졌는가? 내가 말씀을 듣기 원하신다는 주님의 간절한 마음이 느껴지는가?

III. 씨 뿌리는 비유를 통한 교훈

예수님께서 일곱 가지 천국 비유를 마태복음 13장에서 말씀하신다. 그중 첫 비유는 '씨 뿌리는 비유'이다. 마태복음 13장 1-23절에 나온다. 이것은 들을 귀와 관련하여 아주 중요한 비밀을 계시해 주신다.

천국 말씀이 '씨'로 비유된다. 말씀을 듣지만, 열매를 맺지 못하는 사람과 열매를 맺는 사람으로 나누어진다. 열매를 맺지 못하는 사람의 마음을 세 가지 형태로, 열매를 맺는 사람의 마음을 역시 세 가지 형태로 설명하신다. 열매 맺지 못하는 세 가지 마음 중에 첫째, 길 가와 같은 사람이 있다고 설명하신다.

1. 마태복음 13장 19절을 찾아 적으라. 열매를 맺지 못하는 길 가와 같은 사람은 어떤 사람인가?

....

....

....

....

말씀을 들으나 "깨닫지 못하는 사람"이 있다. 이런 사람은 열매를 맺지 못한다. 들을 귀가 없는 것이다.

좋은 설교, 심지어 예수님이 직접 말씀해도 깨닫지 못하는 사람이 있다. 길 가와 같다. 소용이 없다.

2. 말씀을 기쁨으로 받는다면 들을 귀를 가진 것인가? 마태복음 13장 20-21절을 찾아 열매 맺지 못하는 두 번째 예인 돌밭에 대해서 적으라.

....

....

....

기쁨으로 받더라도 환난, 박해와 같은 어려움이 있을 때 견디지 못하는 자는 들을 귀가 없는 자이다.

설교를 기쁨으로 받아들이지만, 어려움이 생기면 열매를 맺지 못하는 사람도 있다. 돌밭과 같다.

3. 말씀을 꾸준하게 듣는 사람이라면 들을 귀를 가진 사람인가? 마태복음 13장 22절을 찾아 열매 맺지 못하는 세 번째 예인 가시떨기 밭에 대해서 적으라.

....

....

....

어떤 사람은 말씀을 듣고 깨닫는 것 같다. 반응도 좋다. 기쁨으로 받는다. 그리고 환난과 박해 같은 어려움도 잘 견디는 듯한데, 결정적으로 세상 염려와 재물의 유혹 때문에 열매를 맺지 못한다.

교회에 와서 말씀을 듣는다고 해서 다 제자가 아니다. 들을 귀를 가져야 한다. 말씀을 들으면서 깨달음이 없는 사람이 있다. 이런 사람은 제자가 아니다. 어떤 사람은 깨닫고 기쁨으로 받는다. 그러나 어려움이 있으면 견디지 못한다. 이런 사람도 참 제자가 아니다. 어떤 사람은 깨닫고 기쁨으로 받고, 꾸준하게 말씀을 듣는다. 그러나 세상 염려와 돈 문제 앞에서 결국 결실을 맺지 못 한다. 이런 사람은 들을 귀를 갖지 못한 것이요, 참 제자가 아니다.

요한복음 15장 8절에서 예수님께서 열매 맺음의 중요성을 말씀하셨다. "너희가 열매를 많이 맺으면 내 아버지께서 영광을 받으실 것이요 너희는 내 제자가 되리라"(요 15:8) 열매를 맺지 못하면 제자가 아니다. 제자는 열매를 많이 맺고 하나님 아버지께 영광을 돌린다.

4. 예수님께서 열매를 맺는 마음을 세 종류로 설명하신다. 이런 마음을 가진 사람들의 공통점이 있다. 마태복음 13장 23절을 찾아 예수님의 설명을 직접 적으라.

열매를 맺는 마음은 모두 들을 귀를 가진 마음이다. 이런 사람들은 말씀을 "듣고 깨닫는다." 그리고 결실을 한다. "많은 열매를 맺는다." 백배, 육십 배, 혹은 삼십 배의 많은 열매를 맺는다. 바로 이런 사람들이 참

된 교회, 칭찬받는 교회, 온전한 제자들이라고 할 수 있다.

* 나는 말씀을 들으면 어떤 결과를 창출해 내는가? 항상 깨닫는가? 그리고
　열매가 많이 맺히는가?

....

....

....

....

5. 만약 열매를 잘 맺고 있지 못하다면, 어떻게 해야 하는가? 그렇게 살아
　도 괜찮은 것일까? 마태복음 7장 19절을 찾아 예수님의 말씀을 적으라.

....

....

....

....

　최후의 심판 날이 다가온다. 그때 핑계를 댈 것인가? 예수님께서 열매
로 그 사람을 평가한다고 말씀하셨다(마 7:20). 그러면서 "나더러 주여 주
여 하는 자마다 다 천국에 들어갈 것이 아니요 다만 하늘에 계신 내 아버
지의 뜻대로 행하는 자라야 들어가리라"고 말씀하셨다(마 7:21).

* 부족함이 있다고 느끼면 회개(고백)해야 한다. 그리고 방향 전환을 하고 다시 온전히 나아가야 한다.

어떤 사람들은 말씀을 평가하려고 한다. 예수님의 비판자들의 특징이 주의 말씀을 평가했다는 것이다. 제자는 말씀을 평가하는 자가 아니다. 말씀을 행하는 자이다.

예수님께서 산상수훈을 말씀하시면서 결론적으로 하신 말씀을 살펴보자.

6. 마태복음 7장 24-25절을 찾아서 예수님의 말씀을 적으라. 누가 지혜로운 사람인가?

그 집을 반석 위에 지은 지혜로운 사람같이 되려면 예수님의 말씀을 듣고 행하는 사람이 되어야 한다.

＊ 말씀은 평가하려고 듣는 것이 아니다. 말씀은 행하라고 들려주시는 것이다. 당신은 말씀을 들으면 순종하고 따라 행하는가?

---

7. 마태복음 7장 26-27절을 찾아서 예수님을 말씀을 적으라. 누가 어리석은 사람인가?

그 집을 모래 위에 지은 어리석은 사람 같은 자는 말씀을 듣고 행하지 않는 사람이다.

＊ 말씀을 평가하는 사람은 말씀대로 행하지 않는다. 이런 사람이야말로 어리석은 사람이다. 당신은 어떤 사람인가? 말씀을 순종하는 사람인가? 아니면 말씀을 평가하며 행하지 않는 불순종하는 사람인가?

Ⅳ. 생활에서의 적용

1 당신의 귀는 잘 듣는가? 말씀을 잘 듣고 기쁨으로 받고, 깨닫고 열매를 맺는가?

1) 그렇지 못하다.

2) 때에 따라 다르다.

3) 항상 깨닫고 열매를 맺는다.

자신의 마음을 점검하라. 온전하지 못하면 '기경'해야 한다. 회개하는 것이 마음을 기경하는 방법이다.

구약 호세아 10장 12절에서 말씀한다. "너희가 자기를 위하여 공의를 심고 인애를 거두라 너희 묵은 땅을 기경하라 지금이 곧 여호와를 찾을 때니 마침내 여호와께서 오사 공의를 비처럼 너희에게 내리시리라" 회개하고 마음을 기경하면 하나님께서 은혜의 비를 내려 주셔서 열매가 맺히게 해 주실 것이다.

2 당신은 교회에게 하시는 말씀을 들을 귀를 가지고 듣고 있는가?

1) 하나님의 뜻을 거의 모른다.

2) 알기는 하지만 따르기 싫다.

3) 하나님의 뜻을 알고, 행하고 있다.

항상 말씀을 들으나, 깨닫지 못하고, 순종하지 않으면 책망받을 교회이며 온전하지 못한 제자이다.

말씀을 기경된 마음(회개한 마음)으로 받으라. 그리고 순종하라. 말씀대로 행하라.

3 오늘 배움을 통해서 당신은 무엇을 배웠는가? 자신의 말로 간단하게 직접 적어보라.

....

....

....

....

"좋은 땅에 뿌려졌다는 것은 말씀을 듣고 깨닫는 자니 결실하여 어떤 것은 백 배, 어떤 것은 육십 배, 어떤 것은 삼십 배가 되느니라 하시더라"
(마태복음 13:23)

Practical Church Life

6과

말씀
구원과 온전케 함

6과 말씀
구원과 온전케 함

6과의 목표

교회는 말씀을 들어야 한다. 성경은 하나님의 말씀이다. 성경의 두 가지 주요 기능이 있다.

첫째, 예수 그리스도를 믿음으로 구원에 이르게 하는 지혜를 준다. 둘째, 구원받은 후에, 온전하게 되기 위해 교훈과 책망과 바르게 함과 의로 교육해서 모든 선한 일을 행할 능력을 갖추게 한다. 이렇게 중요한 말씀을 담당하는 목사가 교회에 있다. 목사는 온전한 말씀 선포를 위해 말씀과 기도에 집중해야 한다. 교회의 직분자들은 목사가 말씀에 집중할 수 있도록 협력하려고 세워진 것이다.

6과 핵심구절

"또 어려서부터 성경을 알았나니 **성경**은 능히 너로 하여금 그리스도 예수 안에 있는 **믿음**으로 말미암아 **구원에 이르는 지혜가 있게 하느니라**"(딤후 3:15)

예수님의 첫 전파의 말씀 "회개하라"를 기억하고, 우리는 회개해야 한다. 마지막 심판 날, 천국과 지옥으로 간다. 천국에 가기 위해 우리는 예수님을 믿는 제자가 되고, 들을 귀를 가지고 있어야 한다.

복습해 보자

1. 회개(고백)하는 삶을 연습하고 있는가?(미안해요, 괜찮아요 라는 말을 하는
   가?)

2. 마지막 심판 날을 위해 예비하는 삶을 사는가?(자기 전 '주 예수여 오시옵
   소서'라고 기도하는가?)

3. 천국(새 예루살렘 성)을 묵상하고, 사모하며 살고 있는가? 지옥을 생각해
   보곤 하는가?

4. 예수님을 믿으며, 제자로서 살아가고 있는가?

5. 들을 귀를 가지고 주님의 말씀을 듣고 있는가? 열매를 많이 맺고 있는가?

성경은 하나님의 말씀이다. 성경에 두 가지 주요 기능(목적)이 있다.
목회자에게 쓴 서신인 디모데후서 3장 15-17절에 그 설명이 나온다.

Ⅰ. 성경의 첫째 중요한 기능 - 구원

성경의 첫째로 중요한 기능은 구원을 얻게 하는 것이다.

1. 디모데후서 3장 15절을 찾아서 성경의 중요한 기능을 적으라.

성경은 우리로 하여금 구원에 이르는 지혜가 있게 한다. 이것은 믿음으로 말미암는 것이다. 그 핵심은 예수 그리스도 안에 있는 믿음이다. 따라서 예수 그리스도 안에 있는 믿음으로 구원에 이르는 지혜가 있게 한다.

2. 요한복음 5장 39절을 찾아서 예수님의 말씀을 적으라.

성경에서 구원에 이르는 지혜를 얻을 수 있다. 영생을 얻게 한다. 그 핵심은 예수님이다.

3. 요한복음 3장 16절을 찾아서 예수님의 말씀을 적으라.

영생을 얻는 길은 예수님을 믿는 것이다. 이것이 성경이 가르쳐 주는 지혜이다.

성경은 예수님에 대해서 증언하고 있다. 예수 그리스도를 믿으면 멸망하지 않고 구원을 얻게 된다. 그리고 영원한 생명을 얻게 된다. 성경은 이것을 가르친다. 설교와 성경공부에서도 이것을 전파하고 가르친다. 이것이 기초적인 것이다.

참고로 성경은 구원을 얻는 방법만을 이야기하는 책이 아니다. 만약 그렇다면 구원받은 사람들은 성경을 읽고, 연구하고, 묵상할 이유가 없다. 분명히 구원이 가장 중요하지만, 그다음 중요한 기능이 있다. 모든 구원받은 사람에게 여전히 성경은 가장 귀한 지침이자 삶의 원리이다.

II. 성경의 두 번째 중요한 기능
– 온전한 제자로 만듦

성경의 두 번째 중요한 기능이 있다. 그것은 구원을 받은 제자로 하여금, 온전한 제자로 만드는 것이다. 이것을 디모데후서 3장 16-17절에서 설명한다.

1. 디모데후서 3장 16-17절을 찾아서 성경의 두 번째 중요한 기능을 적으라.

....

....

....

....

성경은 1. 교훈한다. 2. 책망을 한다. 3. 바르게 한다. 4. 의로 교육한다.

이 네 가지는 구원받은 사람을 위한 것으로 구원받은 하나님의 사람이 온전하게 되게 하기 위함이다. 온전하게 되어서 모든 선한 일을 행하는 능력을 갖추게 하려는 것이다.

2. 성경에서 우리는 교훈을 얻어야 한다. 시편 119편 105절을 찾아서 적으라.

....

....

....

하나님의 말씀은 우리를 교훈한다. 어두운 세상에서 우리 앞에 등과 빛이 되어 주신다. 시편 119편 9절에서 "청년이 무엇으로 그의 행실을 깨끗하게 하리이까 주의 말씀만 지킬 따름이니이다"라고 말한다. 역시 교훈에 관한 말씀이다. 시편 119편 130절에서 "주의 말씀을 열면 빛이 비치어 우둔한 사람들을 깨닫게 하나이다"라고 말씀한다.

잠언 1장 7절에서 "여호와를 경외하는 것이 지식의 근본이거늘 미련한 자는 지혜와 훈계를 멸시하느니라"고 말씀한다. 하나님을 존경하며 두려워하는 것이 지식의 근본이다. 잠언 15장 33절에서 "여호와를 경외하는 것은 지혜의 훈계라 겸손은 존귀의 길잡이니라"고 말씀한다. 하나님을 존경하며 두려워하는 것이 지혜이다. 우리는 말씀을 통해서 교훈을 받아야 한다. 그래서 지식과 지혜를 얻어야 한다.

3. 성경에서 우리는 책망을 받아야 한다. 전도서 12장 11절을 찾아서 적으라.

_____

_____

_____

_____

　구원을 받아도 이 세상에서 완전하지 못하다. 따라서 잘못이 있을 때, 책망을 받아야 한다. 그럴 때는 찌르는 채찍처럼 말씀이 아플 수 있다. 그러나 책망을 받아야 한다. 그래서 고백하고 돌이켜야 한다.

　이사야 48장 22절에서 "여호와께서 말씀하시되 악인에게는 평강이 없다 하셨느니라"고 말씀한다. 아픈 말씀이지만, 이 말씀을 통해 평강이 있는 삶으로 돌아오라는 책망을 받아야 한다. 예레미야 29장 17-19절에서 하나님께서 이스라엘을 바벨론 포로로 보내는 이유를 설명하신다. 칼과 기근과 전염병으로 고난을 당하고 세계 여러 나라 가운데에 흩어 학대를 당하게 하며 저주와 조소와 수모의 대상이 되게 하겠다고 말씀하신다. 그 이유를 19절에서 이렇게 말씀한다. "여호와의 말씀이니라 너희들이 내 말을 듣지 않았기 때문이니라 내가 내 종 선지자들을 너희들에게 꾸준히 보냈으나 너희는 그들의 말을 듣지 않았느니라 여호와의 말씀이니라" 가슴 아픈 말씀이다. 그러나 이런 책망을 통하여 회개(고백)하고 바른 길로 돌아와야 하는 것이다.

4. 성경은 우리를 바르게 한다. 시편 119편 67절을 찾아 적으라.

_____

_____

_____

어려움을 통한 하나님의 책망을 깨닫고, 주의 말씀을 지키는 바른길로 돌아오는 것을 말한다.

때로 고난은 하나님께서 주의 백성에게 주시는 메시지이다. 돌이키라는 메시지이므로, 돌이켜야 한다.

5. 성경은 우리를 의로 교육한다. 욥기 28장 28절을 찾아 욥이 한 말을 적으라.

_____

_____

_____

_____

하나님의 말씀은 악을 떠나라고 말씀한다. "악을 떠남이 명철(통찰력)"이라고 말씀한다. 그래서 의로 교육하는 것이다. 잠언 8장 13절에서 "여호와를 경외하는 것은 악을 미워하는 것이라 나는 교만과 거만과 악한 행실과 패역한 입을 미워하느니라"고 말씀한다. 성경은 우리를 의로 교육한다.

신명기 28장 2절에서 "네가 네 하나님 여호와의 말씀을 청종하면 이 모든 복이 네게 임하며 네게 이르리니"라고 하면서 많은 복을 나열한다. 말씀을 청종, 즉 잘 듣고 순종해야 복이 된다. 시편 12편 6절에서 "여호와의 말씀은 순결함이여 흙 도가니에 일곱 번 단련한 은 같도다"라고 말씀한다. 하나님의 말씀은 순결하여 우리가 지켜 행하면 복이 된다. 그래서 시편 1편 1-2절에서 "복 있는 사람은 악인들의 꾀를 따르지 아니하며 죄인들의 길에 서지 아니하며 오만한 자들의 자리에 앉지 아니하고 오직 여호와의 율법을 즐거워하여 그의 율법을 주야로 묵상하는도다"라고 말씀한다. 복 있는 사람은 말씀을 즐겁게 받는다. 시편 119편 103절 "주의 말씀의 맛이 내게 어찌 그리 단지요 내 입에 꿀보다 더 다니이다"라는 고백이 우리의 고백이 되어야 한다.

로마서 10장 17절에서 "그러므로 믿음은 들음에서 나며 들음은 그리스도의 말씀으로 말미암았느니라"고 말씀한다. 우리는 말씀을 들어야 한다. 또한, 신명기 6장 6절에서 "오늘 내가 네게 명하는 이 말씀을 너는 마음에 새기고"라고 하신다. 말씀을 듣되, 잊지 않도록 마음에 새겨야 한다. 말씀을 듣고 마음에 새긴 후, 실천해야 한다. 야고보서 1장 22절에서 "너희는 말씀을 행하는 자가 되고 듣기만 하여 자신을 속이는 자가 되지 말라"고 말씀한다. 예수님께서도 누가복음 11장 28절에서 말씀하셨다. "예수께서 이르시되 오히려 하나님의 말씀을 듣고 지키는 자가 복이 있느니라 하시니라" 요한계시록 22장 7절에서도 "보라 내가 속히 오리니 이 두루마리의 예언의 말씀을 지키는 자는 복이 있으리라 하더라"고 말씀한다. 말씀을 듣고 지켜야 한다. 그래야 복이 있다. 신약에서 예수님께서 분명하게 말씀을 듣고 지키는 자가 복이 있다고 말씀하셨다. 말씀을 듣고 지키는 복된 사람이 되자.

III. 말씀을 전하는 사람

하나님의 말씀을 전하는 사람이 있다. 그들을 통하여 하나님의 말씀이 제자들에게 전해진다.

1. 세례 요한의 아버지였던 제사장 사가랴의 예언의 일부인 누가복음 1장 70절을 찾아 적으라.

하나님께서는 구약 시대로부터 사람인 선지자를 세워서 말씀을 대언하게 하셨다. 이것은 성경 전반을 통해서 알 수 있다. 사무엘상 12장 23절에서 사무엘 선지자가 이스라엘 백성들에게 말한다. "나는 너희를 위하여 기도하기를 쉬는 죄를 여호와 앞에 결단코 범하지 아니하고 선하고 의로운 길을 너희에게 가르칠 것인즉" 이것은 말씀으로 가르치고 기도하는 일을 하겠다는 뜻이다. 선지자로서 말씀을 전하는 일의 중요성을 말한다.

2. 사도행전 6장 4절을 찾아 사도들이 제자들에게 한 말을 적으라.

신약에서 사도들도 구약의 대표적 선지자 사무엘과 같은 말을 하는 것이다. "기도하는 일과 말씀 사역"에 힘쓰겠다고 말한다. 역시 말씀 전파와 가르치는 사역이 사람인 사도를 통해서 이루어짐을 설명한다.

3. 사도 바울이 그의 말씀을 들었던 데살로니가 교회 사람에게 한 말이 있다. 데살로니가전서 2장 13절을 찾아 적으라.

....

....

....

하나님의 말씀을 사람이 전한다. 그것은 구약, 신약 모두 마찬가지이다. 그런데 하나님의 말씀을 받을 때에 "사람의 말로 받지 않고 하나님의 말씀으로 받았던" 데살로니가 교회 성도의 모습을 설명하고 있다. 제자들에게 이런 자세가 필요하다.

4. 예수님께서 말씀을 전하던 자 요나와 관련하여 중요한 말씀을 하셨다. 마태복음 12장 41절을 찾아 적으라.

....

....

....

"심판 때에 니느웨 사람들이 일어나 이 세대 사람을 정죄하리니 이는 그들이 요나의 전도를 듣고 회개하였음이거니와 요나보다 더 큰 이가 여기 있으며"(마 12:41)

요나는 니느웨에 가서 말씀을 전했다. 그러나 그는 말씀 듣는 사람을 사랑하지 않았다. 오히려 미워했다. 그들을 축복하지 않았다. 저주만 했다. 복음(좋은 소식)도 전하지 않았다. 저주의 말만 했다. "40일이 지나면 니느웨가 무너지리라"(욘 3:4) 요나는 그들이 구원받기를 위해 기도하지 않았다. 그래도 니느웨 사람들은 그런 최악의 말씀 전달자의 말을 듣고 회개하여 구원을 얻었다. 말씀 전하는 자의 자질 비판으로 말씀을 거역하지 말라. 하나님의 말씀이면 받으라. 그래서 회개하고 구원을 얻으라. 마지막 날 핑계할 수 없게 된다.

평상시에 매일 성경을 읽는 습관을 가지도록 하라. 하루에 한 장씩이라도 읽으려고 노력하라. 그렇게 하면 10년에 약 3번 정도 읽게 된다. 1년에 성경을 다 읽으려면 월요일에서 토요일까지는 3장, 주일은 5장을 읽어야 한다. 성경을 읽어야 말씀을 전하는 사람이 성경을 근거로 온전히 하나님의 말씀을 전하는지를 알 수 있다. 성경을 매일 조금씩이라도 읽으라. 그리고 서서히 분량을 늘려 가라.

Ⅴ. 생활에서의 적용

1 당신은 성경 말씀을 통하여 구원을 얻었는가?

예수님을 진정으로 믿는가? 자신의 마음을 점검하라. 믿고 영생을 얻으라.

2 당신은 온전한 제자가 되게 하시는 말씀에 귀를 기울이는가? 책망의 말씀에 어떻게 반응하는가?
1) 책망을 들으면 기분이 나쁘기만 하다.
2) 책망을 들으면 고친다.

3 책망을 받을 때, 온전하게 받아서 바르게 되어야 한다. 그래야 온전한 제자로 살 수 있다.
당신은 설교를 듣거나 성경 공부를 할 때 어떤 자세로 듣는가?
1) 사람의 말로 듣고 참조한다.
2) 하나님의 말씀으로 듣는다.

사람이 말하지만, 성경을 근거로 하나님의 말씀을 전할 때, 하나님의 말씀으로 받으라.

4 성경은 자주 읽는가?

1) 거의 읽지 않는다.

2) 가끔 읽는다.

3) 매일 읽는다.

5 오늘 배움을 통해서 당신은 무엇을 배웠는가? 자신의 말로 간단하게 직접 적어보라.

"가르침을 받는 자는 말씀을 가르치는 자와 모든 좋은 것을 함께 하라"(갈라디아서 6:6)

7과

의무

시간, 물질, 마음의 헌신
(제자의 3대 의무)

7과 의무
시간, 물질, 마음의 헌신
(제자의 3대 의무)

7과의 목표

제자 공동체인 교회에서 세 가지 지켜야 할 의무가 있다. 성경 말씀을 근거로 교회 역사상 계속 간직해 온 중요한 것이다. 그것은 시간, 물질, 마음의 헌신이다. 그 세 가지 내용을 살펴보며 제자(교인)로서 헌신을 다짐하자. 주일 예배와 주일 하루는 기본이고, 다른 모든 공적인 예배에 최선을 다해 참석하려고 노력해야 한다. 또한 예수님께서도 말씀하신 하나님 백성의 기본인 십일조(수입의 십 분의 일)를 포함한 물질의 헌신이 있어야 한다. 그리고 겸손하게 순종하는 마음의 헌신이 필요하다.
이 세 가지 헌신은 유익한 교회 생활을 위해 반드시 필요한 헌신이다.

7과 핵심구절

"**날마다** 마음을 같이하여 **성전에 모이기를 힘쓰고**"(행 2:46a)

예수님의 첫 전파의 말씀 "회개하라"를 기억하고, 우리는 회개해야 한다. 마지막 심판 날, 천국과 지옥으로 간다. 천국에 가기 위해 우리는 예수님을 믿는 제자가 되고, 들을 귀를 가지고 있어야 한다. 말씀을 통해 믿음으로 구원을 얻고, 교훈을 받아 온전한 삶을 살아야 한다.

복습해 보자

1. 회개(고백)하는 삶을 연습하고 있는가?(미안해요, 괜찮아요 라는 말을 하는가?)

_____

2. 마지막 심판 날을 위해 예비하는 삶을 사는가?(자기 전 '주 예수여 오시옵소서'라고 기도하는가?)

_____

3. 천국(새 예루살렘 성)을 묵상하고, 사모하며 살고 있는가? 지옥을 생각해 보곤 하는가?

_____

4. 예수님을 믿으며, 제자로서 살아가고 있는가?

_____

5. 들을 귀를 가지고 주님의 말씀을 듣고 있는가? 열매를 많이 맺고 있는가?

_____

6. 당신은 성경을 통하여 구원을 얻었는가? 온전한 제자가 되게 하시는 말씀에 귀를 기울이는가?

_____

교회는 예수님을 믿고 따르는 공동체이다. 제자 공동체인 교회에서 세 가지 지켜야 할 의무가 있다. 성경에 있는 말씀을 근거로 교회 역사상 계속 간직해 온 중요한 것이다. 그것은 시간, 물질, 마음의 헌신이다. 그 세 가지 내용을 살펴보며 제자(교인)로서의 기초적 내용을 마무리한다.

Ⅰ. 시간의 헌신

첫째 의무는 시간의 헌신이다. 교회에서 예배를 드릴 때 참석하는 것이 가장 기초이다. 최소한 주일에 예배를 드리는 시간에 자신의 시간을 드려야 한다. 제자는 자신의 삶의 모든 시간을 주님께 드릴 각오가 되어 있어야 한다. 최소한 교회 공동체가 함께 드리는 공적인 예배에는 모두 참석하려고 노력해야 한다. 그것이 기본적인 것이다.

사도행전 2장에 보면 예수님의 수제자 베드로의 설교를 듣고 사람들이 세례를 받아 삼천 명의 제자(신도)가 더해졌다. 그들이 한 일에 대해서 42-47절에서 설명한다. 그들이 사도의 가르침을 받아 서로 교제하고 떡을 떼며 기도하기를 힘썼다. 기사와 표적이 많이 나타났고, 믿는 사람이 다 함께 있어 모든 물건을 서로 통용하고 또 재산과 소유를 팔아 각 사람의 필요를 따라 나눠 주었다고 말한다. 사람들의 칭찬을 받았다.

1. 사도행전 2장 46절을 찾아서 적으라. 이들은 얼마나 자주 모였는가?

....

....

....

....

이 사람들은 날마다 성전에 모이기를 힘썼다. 처음 시작은 주일 예배로부터 시작하라. 그 후에 평일에도 한 번은 교회 예배에 참석하라. 먼저 교회의 전통으로 이어져 온 수요예배에 참석하라. 더 나아가 금요예배(기도회)와 새벽예배(기도회)도 참석해 보라. 어제보다 오늘, 오늘보다 내일 더 예수님께 가까이 나아가라. 나의 시간의 헌신을 더욱 드리기를 힘쓰라.

2. 히브리서 10장 25절을 찾아서 적으라.

....

....

....

....

히브리서 10장 24-25절에서 "서로 돌아보아 사랑과 선행을 격려하며 모이기를 폐하는 어떤 사람들의 습관과 같이 하지 말고 오직 권하여 그 날이 가까움을 볼수록 더욱 그리하자"고 말씀한다. 모이는 것을 없애는 습관을 갖지 말고, 예수님의 재림이 가까움을 볼수록 더욱 그렇게 하라고 말씀한다.

시간의 헌신, 예배를 위해 모이는 것이 중요한 헌신이다.

II. 물질의 헌신

제자의 둘째 의무는 물질의 헌신이다. 예수님께서 모든 재물을 포기하는 것까지 말씀하셨다. 우선 그 시작은 십일조이다. 그리고 더 나아가 더욱 많은 물질의 헌신을 하도록 하라.

1. 구약에서 하나님의 백성인 이스라엘 백성은 하나님께 모든 것의 십분의 일인 십일조를 드렸다. 민수기 18장 28-29절을 찾아 적으라.

....

....

....

....

* 거제 : 들어 올려진다는 의미. 제물을 높이 들었다가 다시 내려놓는 의식을 말한다.

하나님께 드려진 십일조로 제사장과 레위인은 생활을 하고 하나님의 일에 전념했다.

2. 예수님께서 십일조에 대해서 뭐라고 하셨는가? 마태복음 23장 23절을 찾아 적으라.

_____

_____

_____

십일조를 드리되, 정의, 긍휼, 믿음도 가져야 한다고 말씀하셨다. 이 것도 행하고 저것도 버리지 말아야 한다고 하심은 십일조도 드려야 한 다는 말씀이다. 누가복음 11장 42절에서도 예수님께서 같은 말씀을 하셨 다. "화 있을진저 너희 바리새인이여 너희가 박하와 운향과 모든 채소의 십일조는 드리되 공의와 하나님께 대한 사랑은 버리는도다 그러나 이것 도 행하고 저것도 버리지 말아야 할지니라" 역시 십일조를 드리면서 공 의와 하나님께 대한 사랑을 같이 가지고 있어야 한다고 하셨다. 십일조 를 드리라는 말씀이다.

신약에서 초대 예루살렘 교회에서는 믿는 사람들이 모든 물건을 서로 통용했다. 재산과 소유를 팔아 각 사람의 필요를 따라 나누어 주었다(행 2:44-45). 십일조는 기본이고, 자신의 모든 것을 아끼지 않는 물질의 헌신 이 있었다. 제자는 십일조는 기본이고, 그 이상의 물질의 헌신이 있어야 한다.

3. 사도행전 4장 34-35절을 찾아 적으라.

....

....

....

....

　큰 물질의 헌신으로 인해 예루살렘 교회에 가난한 사람이 없었다고 성경은 말한다(행 4:34) 아름다운 공동체였다. 이런 물질의 헌신을 한 대표적인 인물로 사도들이 바나바(위로의 아들이라는 뜻)라고 부른 요셉이라는 사람이 있었다. 그가 밭을 팔아 사도들에게 드렸다(행 4:36-37). 그는 이후 좋은 교회의 지도자가 된다. 제자는 물질의 헌신이 있어야 한다. 물질의 헌신이 있는 사람이 좋은 지도자가 된다.

III. 마음의 헌신

제자에게 필요한 세 번째 의무는 마음의 헌신이다. 이것은 순종하는 자세를 말한다. 교회에서 질서를 위해 하나님께서 세운 지도자의 가르침을 받고 순종하는 자세가 필요하다.

야고보서 4장에서 6-7절에서 "… 일렀으되 하나님이 교만한 자를 물리치시고 겸손한 자에게 은혜를 주신다 하였느니라 그런즉 너희는 하나님께 복종할지어다 마귀를 대적하라 그리하면 너희를 피하리라"고 말씀한다. 마귀는 거짓말쟁이요, 거짓의 아비이다(요 8:44). 하나님의 말씀에 불순종하게 하려고 한다. 우리는 마귀를 대적해야 한다.

1. 야고보서 4장 10절을 찾아 적으라.

자신을 낮추는 것은 겸손히 순종하는 것을 말한다. 그런 마음의 헌신이 있으면 주님께서 우리를 높이실 것이다.

베드로전서 5장 5절에서 "젊은 자들아 이와 같이 장로들에게 순종하고 다 서로 겸손으로 허리를 동이라 하나님은 교만한 자를 대적하시되 겸손한 자들에게는 은혜를 주시느니라"고 말씀한다. 지도자에 대한 순종의 자세를 요청한다.

2. 베드로전서 5장 6절을 찾아 적으라.

겸손히 순종하면, 때가 되면 하나님께서 우리를 높이신다.

디모데전서 5장 17절에서 "잘 다스리는 장로들은 배나 존경할 자로 알되 말씀과 가르침에 수고하는 이들에게는 더욱 그리할 것이니라"고 말씀한다. 말씀과 가르침에 수고하는 지도자 즉 목사님에게 더 큰 존경을 나타내라고 말씀한다.

3. 갈라디아서 6장 6-7절을 찾아 적으라.

말씀을 가르치는 목회자와 모든 좋은 것을 함께 하라고 말씀한다. 순종하며 나누며 존경하라는 것이다. 심은 대로 거두게 될 것이라고 말씀한다. 신앙생활을 하면서 시간이 지나면 열매로 거두게 된다.

제자들은 세 가지 의무를 행하여야 한다. 시간의 헌신, 물질의 헌신, 마음의 헌신이 필요하다.

IV. 생활에서의 적용

1 당신은 시간의 헌신을 잘 하는가?
1) 주일 예배도 항상 드리지 못한다.
2) 주일 예배는 드린다.
3) 주일 및 평일에도 예배드린다.

2 당신은 물질의 헌신을 잘 하는가?
1) 십일조도 아직 못한다.
2) 십일조는 한다.
3) 십일조 이상의 헌신을 한다.

3 당신은 마음의 헌신을 잘 하는가?
1) 순종을 잘 하지 못한다.
2) 때에 따라 다르다.
3) 잘 순종하는 편이다.

4 오늘 배움을 통해서 당신은 무엇을 배웠는가? 자신의 말로 간단하게 직접 적어보라.

....

....

....

....

"그러므로 하나님의 능하신 손 아래에서 겸손하라 때가 되면 너희를 높이시리라"(베드로전서 5:6)

Practical Church

지도자를 위한 코너

목회자나 가르치는 분을 위한
추가 내용이다.
더 깊은 내용을 알고 싶은
분에게 유용할 것이다.

1과 회개(고백)
기독교인(제자, 교인)의 시작

유익한 교회 생활을 위한 가장 기초적인 가치인 '회개와 고백'을 배우는 것이다. 회개(Repentance, 悔改)는 뉘우칠 '회'(悔), 고칠 '개'(改) 즉, 잘못을 뉘우치고 고침을 뜻한다. 구약에서 '회개'는 히브리어로 '슈브'(돌아가다)와 '나함(후회하다)라는 단어가 주로 사용된다. 두 단어가 사용된 구절을 살펴보자.

> "… 이스라엘 족속아 … 돌이켜 회개하고[슈브] 모든 죄에서 떠날지어다" (겔 18:30)
> "그러므로 내가(욥이)… 회개하나이다[나함]" (욥 42:6)

이스라엘 백성이 잘못했을 때 하나님께서는 회개하라고, 돌이키라고 명하신다. 또한 의로운 욥이지만 그가 회개한다고, 후회한다고 고백한다. 즉, 회개는 하나님의 백성도 해야 할 필요가 있다. 그리고 당대의 의로운 사람도 해야 할 필요가 있는 것이다. 회개가 필요하지 않은 사람은 없다.

신약에서 '회개'는 헬라어로 '메타노이아'(회개)와 '에피스트레포'(돌아오다)가 주로 사용된다.

'메타노이아'는 자기 마음이나 목적을 바꾸는 것을 말한다. '에피스트레포'는 잘못에서 돌이키는 것을 뜻한다. 두 단어가 사용된 구절을 살펴보자.

> "이 때부터 예수께서 비로소 전파하여 이르시되 회개[메타노이아]하라 천국이 가까이 왔느니라 하시더라" (마 4:17)
> "내가(예수님이) 너를(베드로를) 위하여 네 믿음이 떨어지지 않기를 기도하였노니 너는 돌이킨 후에 [에피스트레포] 네 형제를 굳게 하라" (눅 22:32)

회개, 돌이킴은 예수님의 수제자에게도 필요한 것이었다.

'회개'는 성경을 살펴보면, 매우 다양하고 크게 설명이 되는 단어이다. 따라서 성경을 어떻게 연구하느냐에 따라서 회개에 대한 다양한 의견이 존재한다. 어떤 신학자들은 회개는 예수님을 향한 방향 전환으로 일회적이라고 설명한다. 그 이외의 것은 '고백'(자백)으로 표현해야 한다고 주장한다. 그래서 회개가 일회적이냐, 계속적이냐에 대한 논쟁도 있다. 그러나 예수님의 가르침을 보더라도 일회적인 것으로 끝난다는 주장은 치우친 주장이라고 볼 수 있다.

누가복음 17장 3-4절을 보자.

> "너희는 스스로 조심하라 만일 네 형제가 죄를 범하거든 경고하고 회개하거든 용서하라 만일 하루에 일곱 번이라도 네게 죄를 짓고 일곱 번 네게 돌아와 내가 회개하노라 하거든 너는 용서하라 하시더라"

여기서 하루에 일곱 번 "내가 회개하노라" 하거든 용서하라고 하신다.

즉, 회개를 여러 번 하는 것을 문제 삼지 않으신다. 게다가 단순히 예수님을 향한 회개만이 회개라고 하시지도 않는다. 회개란 매우 포괄적인 표현임을 기억하자.

고백(告白)은 고할 '고'(告), 흰 '백'(白) 즉, 지은 죄를 솔직하게 말하는 것을 뜻한다. 자백(自白)은 스스로 밝히는 것이다. 이것은 어떤 면에서 방향의 전환까지는 필요 없는 것, 즉, 예수님을 향한 믿음은 온전하지만, 실수로 인해 잘못이 있을 때, 고백하면서 용서를 받는 것으로 볼 수 있다. 이것도 분명하게 필요한 것이다.

Ⅰ. 시작 : 회개

1. 마태복음 4:17
"이 때부터 예수께서 비로소 전파하여 이르시되 회개하라 천국이 가까이 왔느니라 하시더라"

2. 마가복음 1:15
"이르시되 때가 찼고 하나님의 나라가 가까이 왔으니 회개하고 복음을 믿으라 하시더라"

3. 두 가지 내용에서 공통적으로 요구하신 것은 '회개'였다. 예수님께서 사람들에게 요구하신 첫 반응은 '회개'였다. 이것을 우리의 기초로 생각해야 한다.

Ⅱ. 회개하지 않았다면…

생활 속에서 조심히 해도 몸이 더러워진다. 매일 흐르는 물에서 몸을 씻어야 한다. 그래야 청결한 생활을 할 수 있다. 목욕 한 번 한 것으로 되었다고 할 수 없다. 마찬가지로 '회개'가 그러하다. 잘못이 있으면 잘못을 뉘우치고 고쳐야 한다. 더러움을 씻듯이 죄를 씻어야 한다. 회개해야 한다. 고백해야 한다. 회개하지 않는 사람은 오래 씻지 않은 사람이 악취를 풍기는 것처럼, 사람들에게 기피 대상이 된다. 회개하지 않으면서 높은 교회 직분을 탐내지 말라. 악취를 풍기는 사람이 높아지면, 교회는 비난의 대상이 되기 때문이다. 이제부터 '회개'를 삶의 기본으로 알라. 물로 씻어 청결하게 하듯, 회개를 통해 항상 자신을 청결하게 하라.

Ⅲ. 회개의 예

예수님의 수제자 베드로는 큰 죄를 범했다. 그러나 돌이킴을 통해 용서함을 받았다. 따라서 기독교는 죄를 결코 짓지 않는 것을 가르치기보다, 죄를 지었을 때, 뉘우치고 고치는 것을 중시한다. 그래서 기독교에서는 회개하였다면 과거는 중요하지 않다. 회개하였다면… 그러나 회개하지 않는 사람은 악취만 풍기는 사람이 되는 것이다.

한국 교회 역사에서 아주 중요한 평양 대부흥 운동은 '회개'로부터 시작된 역사였다. 죄지은 장로가 자신의 죄를 자백하고 회개하면서 자기 잘못을 고치겠다고 선언했다. 그러자 다른 사람들도 함께 회개하면서 세상을 흔드는 큰 사건이 되었다. 동시에 교회와 사회가 바뀌고 사람들이 바뀌면서 큰 부흥의 역사가 일어났다.

참고로 회개는 뉘우치고 고치는 것이다. 확실하게 변한 증거가 있어야 한다. 이것이 교인들에게 기초적으로 자리 잡으면, 교회 생활이 유익하게 될 것이다.

IV. 적용

1. 이렇게 기도하라. "하나님, 알려 주십시오. 저는 죄인입니까? 그리고 제 죄는 무엇입니까?" 이런 적용을 1과 중간에 하는 것은 중요한 이유가 있다. 정말 최소 5분 정도 이 제목으로 기도하며 생각하라(생각하게 하라). 그리고 솔직하게 깨달음을 적으라.

2. 잘못을 뉘우치고 고친 경험이 있는지 말하고, '이제' 또 무엇을 어떻게 돌이킬 것인지 스스로 생각해서 답하라(답하게 하라). 참으로 기억해야 할 것은, 이번 한 번이 아니라, 이번이 시작이며, 앞으로 계속(평생)해야 한다는 것이다.

V. 회개와 고백

1. 요한일서 1:8

"만일 우리가 죄가 없다고 말하면 스스로 속이고 또 진리가 우리 속에 있지 아니할 것이요"

2. 요한일서 1:9-10

"만일 우리가 우리 죄를 자백하면 그는 미쁘시고 의로우사 우리 죄를 사하 시며 우리를 모든 불의에서 깨끗하게 하실 것이요 만일 우리가 범죄하지 아 니하였다 하면 하나님을 거짓말하는 이로 만드는 것이니 또한 그의 말씀이 우리 속에 있지 아니하니라"

자신은 깨끗하더라도, 생활 속에서 더러운 것이 묻을 수 있다. 그래서 씻어야 한다. 자신이 깨끗하다고 주장한다고 깨끗한 것이 아니다. 오히 려 자신의 더러움을 인식하지 못하는 것일 뿐이다. 사실 정말 청결한 사 람들을 보면 대체로 다른 사람보다 더 불결함에 대한 인식을 갖고 스스 로를 청결하게 한다. 우리의 내적, 영적인 삶도 그러하다. 회개(고백)의 자세를 항상 가져야 한다.

VI. 생활에서의 적용

1. 주님은 우리가 회개하면 '용서'해 주신다. 우리도 그러해야 한다. 따 라서 회개(고백)를 실천하는지, 그리고 상대방이 회개(고백)하면 용 서하는지를 점검하자. 이것이 잘 되어야 관계가 깨지지 않고, 온전 하게 오래 간다.
2. 사실대로 말하되, 이제부터 회개(고백)의 중요성을 깨닫고, 실천하 며 살아야 한다. 그래야 유익한 교회생활을 할 수 있다.

2과 심판
기독교의 역사관

I. 심판

1. 시편 96:13
"그가 임하시되 땅을 심판하러 임하실 것임이라 그가 의로 세계를 심판하시며 그의 진실하심으로 백성을 심판하시리로다"

회개가 필요한 이유는 우리의 삶에 심판이 따르기 때문이다. 하나님께서 마지막 날에 의와 진실하심으로 심판하실 것이다.

2. 전도서 12:14
"하나님은 모든 행위와 모든 은밀한 일을 선악 간에 심판하시리라"

사람은 은밀한 것을 알 수 없다. 그러나 하나님께서 모든 것을 아시고 심판하실 것이다.

3. 히브리서 9:27
"한번 죽는 것은 사람에게 정해진 것이요 그 후에는 심판이 있으리니"

우리는 죽으면 끝이라고 생각한다. 그렇지 않다. 죽은 후에 하나님의 심판이 있다.

4. 요한복음 5:22
"아버지께서 아무도 심판하지 아니하시고 심판을 다 아들에게 맡기셨으니"

하나님께서 심판하신다. 그런데 그것을 하나님의 아들 예수님에게 다 맡기셨다고 하신다. 매우 중요한 관념이다.

5. 고린도후서 5:10
"이는 우리가 다 반드시 그리스도의 심판대 앞에 나타나게 되어 각각 선악 간에 그 몸으로 행한 것을 따라 받으려 함이라"

하나님 아버지께서 그분의 아들 예수 그리스도에게 심판을 맡기셨기 때문에 그리스도의 심판대 앞에 서게 되는 것이다.

6. 요한복음 5:29
"선한 일을 행한 자는 생명의 부활로, 악한 일을 행한 자는 심판의 부활로 나오리라"

우리는 행위에 따라 재판을 받는다. 따라서 선하게 살아야 한다. 예수님을 믿음으로 심판을 받지 않는 것은 뒤에서 설명이 될 것이다. 9번에서 설명이 된다. 그리고 4과에서 깊이 설명된다.

7. 마태복음 12:41-42

"심판 때에 니느웨 사람들이 일어나 이 세대 사람을 정죄하리니 이는 그들
이 요나의 전도를 듣고 회개하였음이거니와 요나보다 더 큰 이가 여기 있으
며 심판 때에 남방 여왕이 일어나 이 세대 사람을 정죄하리니 이는 그가 솔
로몬의 지혜로운 말을 들으려고 땅 끝에서 왔음이거니와 솔로몬보다 더 큰
이가 여기 있느니라"

니느웨는 악한 큰 도성이었다. 선지자 요나가 그들을 향해 사랑도 없
이 저주의 예언만 했으나, 그곳 사람들은 스스로 뉘우치고 회개했다. 그
런데 요나보다 더 큰 분인 하나님의 아들 예수님이 오셔서 복음을 전해
도 회개하지 않는다면 변명의 여지가 없다는 말씀이다.

또한 지혜의 왕 솔로몬의 말을 듣고 싶어서 아프리카에 있는 남방 여
왕(에디오피아 여왕)이 멀리서 와서 들었는데, 솔로몬보다 더 큰 분인 하
나님의 지혜로운 아들 예수님이 말씀하시는 것도 듣지 않으려 한다면 변
명의 여지가 없을 것임을 말씀하신 것이다.

8. 요한복음 3:18

"그를 믿는 자는 심판을 받지 아니하는 것이요 믿지 아니하는 자는 하나님
의 독생자의 이름을 믿지 아니하므로 벌써 심판을 받은 것이니라"

예수 그리스도를 믿지 않는 사람이 심판을 받게 된다.

9. 요한복음 5:24

"내가 진실로 진실로 너희에게 이르노니 내 말을 듣고 또 나 보내신 이를 믿

는 자는 영생을 얻었고 심판에 이르지 아니하나니 사망에서 생명으로 옮겼느니라"

우리는 모두 죄를 범했고, 악행을 했다. 따라서 심판에 이르면 곤란하다. "심판에 이르지 않는 방법"을 여기서 설명하는 것이다. 재판장이신 예수님께서 예수님을 믿고, 예수님 말을 듣고 (순종하고) 예수님 보내신 분(하나님 아버지)을 믿으면 심판에 이르지 않는다고 말씀하셨다.

10. 요한계시록 20:13-14
"바다가 그 가운데에서 죽은 자들을 내주고 또 사망과 음부도 그 가운데에서 죽은 자들을 내주매 각 사람이 자기의 행위대로 심판을 받고 사망과 음부도 불못에 던져지니 이것은 둘째 사망 곧 불못이라"

예수님을 믿고 예수님의 말에 순종하면 심판에 이르지 않지만, 그렇지 않은 사람은 자기의 행위대로 심판을 받게 된다.

11. 요한계시록 20:15
"누구든지 생명책에 기록되지 못한 자는 불못에 던져지더라"

II. 마귀의 거짓말: 심판은 없다

1. 누가복음 8:12
"길 가에 있다는 것은 말씀을 들은 자니 이에 마귀가 가서 그들이 믿어 구원을 얻지 못하게 하려고 말씀을 그 마음에서 빼앗는 것이요"

2. 마태복음 24:4-5

"예수께서 대답하여 이르시되 너희가 사람의 미혹을 받지 않도록 주의하라 많은 사람이 내 이름으로 와서 이르되 나는 그리스도라 하여 많은 사람을 미혹하리라"

3. 마태복음 24:11-12

"거짓 선지자가 많이 일어나 많은 사람을 미혹하겠으며 불법이 성하므로 많은 사람의 사랑이 식어지리라"

거짓 선지자(가짜 목사)가 많이 나타날 것이다. 사람을 속이고, 불법이 많아질 것이다. 그런 것을 보면 사람들의 사랑이 식게 된다. 기억하라. 시험받을 만한 일이 있을 것이다. 주의하라.

4. 마태복음 24:13-14

"그러나 끝까지 견디는 자는 구원을 얻으리라 이 천국 복음이 모든 민족에게 증언되기 위하여 온 세상에 전파되리니 그제야 끝이 오리라"

시험받을 일이 많아서 견디지 못하면 결국 온전한 구원을 얻지 못한다. 교회 생활은 '인내'가 필요하다.

5. 요한이서 1:10-11

"누구든지 이 교훈을 가지지 않고 너희에게 나아가거든 그를 집에 들이지도 말고 인사도 하지 말라 그에게 인사하는 자는 그 악한 일에 참여하는 자임이라"

이단은 가까이 하지 말라. 교제하지 말라.

6. 디도서 3:10

"이단에 속한 사람을 한두 번 훈계한 후에 멀리하라"

목사도 조심해야 한다. 이단은 누구든 멀리하라.

7. 야고보서 4:7

"그런즉 너희는 하나님께 복종할지어다 마귀를 대적하라 그리하면 너희를
피하리라"

III. 생활에서의 적용

1. 매일 저녁 잠들기 전, 마지막 심판 날을 생각하며 회개(고백)하며 잠
   자리에 들라.
2. 다른 교훈(거짓된 좋은 소식)으로 접근하는 이단을 멀리하라. 미혹
   받기 쉽다. 이단과는 인사하거나 교류하지 말라.
3. 오늘 배움을 통해서 '심판'에 대해서, '이단'에 대해서 온전한 생각을
   적립하라.

3과 선택
천국과 지옥

복습의 시간

1. 회개(고백)하는 삶을 연습하고 있는가?(미안해요, 괜찮아요 라는 말을 하는가?)
2. 마지막 심판 날을 위해 예비하는 삶을 사는가?(자기 전 '주 예수여 오시옵소서'라고 기도하는가?)

Ⅰ. 심판의 결과 - 천국과 지옥

Ⅱ. 천국

1. 마태복음 4:23

"예수께서 온 갈릴리에 두루 다니사 그들의 회당에서 가르치시며 천국 복음을 전파하시며 백성 중의 모든 병과 모든 약한 것을 고치시니"

천국을 전파하셨다. 그것이 좋은 소식이다.

2. 마태복음 7:21

"나더러 주여 주여 하는 자마다 다 천국에 들어갈 것이 아니요 다만 하늘에 계신 내 아버지의 뜻대로 행하는 자라야 들어가리라"

천국에 들어가는 것이 소중한 것이다. 그 방법을 말씀해 주신다.

3. 마태복음 13:11

"대답하여 이르시되 천국의 비밀을 아는 것이 너희에게는 허락되었으나 그 들에게는 아니되었나니"

천국 비밀을 아는 것이 예수님 제자에게는 허락되었다. 그러나 모든 사람에게 허락되지 않았다.

4. 마태복음 13:49-50

"세상 끝에도 이러하리라 천사들이 와서 의인 중에서 악인을 갈라 내어 풀무 불에 던져 넣으리니 거기서 울며 이를 갈리라"

악인들은 풀무 불에 던져져서 심판을 받게 될 것이다.

5. 마태복음 18:4

"그러므로 누구든지 이 어린 아이와 같이 자기를 낮추는 사람이 천국에서 큰 자니라"

천국에서 큰 자는 겸손하게 자기를 낮추는 사람이다.

6. 마태복음 19:23

"예수께서 제자들에게 이르시되 내가 진실로 너희에게 이르노니 부자는 천
국에 들어가기가 어려우니라"

III. 지옥

1. 지옥 불은 "꺼지지 않는 불"이 특징이다.

2. 마가복음 9:48-49

"거기에서는 구더기도 죽지 않고 불도 꺼지지 아니하느니라 사람마다 불로
써 소금 치듯 함을 받으리라"

영원한 형벌을 받는 곳이다.

3. 생명책에 기록되지 못한 자는 지옥(불못)에 던져진다.
성경은 불못이라고 표현한다. 우리는 흔히 지옥이라고 말한다.

4. 두려워하는 자, 믿지 아니하는 자, 흉악한 자, 살인자, 음행하는 자,
점술가, 우상 숭배자, 거짓말 하는 모든 자가 지옥(불과 유황으로 타는
못)에 던져질 것이다.

Ⅳ. 새 예루살렘 성

쓰여진 내용을 잘 읽으며 시각화해 보라. 쓰여진 그대로만 잘 생각해 보아도 정말 엄청난 곳이다. 이 구절은 상징적으로 해석해야 한다는 의견도 있는데, 그대로 보아도 되는 것을 전부 상징으로만 보려는 것이야말로 추상적인 해석이다. 주님께서 가르치신 계시를 통해 밝히 보이신 바를 잘 시각화해서 공간화해서 생각해 보라. 정말 아름답고 멋진 곳이다.

참고로 교회를 오래 다닌 성도들도 이 말씀을 시각화해서 제대로 생각해 본 적이 별로 없다. 그런데 성경에 묘사된 대로 상상해보면 천국이 정말 가고 싶은 곳임을 깨닫게 된다. 우리는 그것을 알아야 한다. 우리의 미래를 위해 준비된 참으로 좋은 천국을 제대로 알아야 한다. 그래야 소망하게 된다.

Ⅴ. 생활에서의 적용

1. 천국에 대해서 생각해 본 적이 있는가? 사실대로 말하도록 하자. 그리고 다짐하자. 앞으로 매일 저녁에 자기 전에 한 번은 천국을 생각하며 잠을 자도록…
2. 지옥에 대해서 생각해 본 적이 있는가? 역시 사실대로 말하도록 하자. 이단을 본 적이 있는가? 사실대로 말하자. 그리고 심판과 지옥이 있음을 기억하고, 이단을 항상 멀리하자.

4과 제자
복음을 믿음

복습의 시간

1. 회개(고백)하는 삶을 연습하고 있는가? (미안해요, 괜찮아요 라는 말을 하는가?)
2. 마지막 심판 날을 위해 예비하는 삶을 사는가? (자기 전 '주 예수여 오시옵소서'라고 기도하는가?)
3. 천국을 묵상하며 사모하고 살고 있는가?

I. 복음을 믿음 : 예수님을 믿음

1. 요한복음 20:31

"오직 이것을 기록함은 너희로 예수께서 하나님의 아들 그리스도이심을 믿게 하려 함이요 또 너희로 믿고 그 이름을 힘입어 생명을 얻게 하려 함이니라"

예수 그리스도를 믿고 생명을 얻게 하려는 것이다.

2. 요한복음 14:6

"예수께서 이르시되 내가 곧 길이요 진리요 생명이니 나로 말미암지 않고는 아버지께로 올 자가 없느니라"

예수님만이 하나님 아버지께 갈 수 있는 유일한 '길'(방법)이다. 예수님을 믿어야만 천국에 갈 수 있다.

3. 사도행전 16:31
"이르되 주 예수를 믿으라 그리하면 너와 네 집이 구원을 받으리라 하고"

4. 로마서 10:9
"네가 만일 네 입으로 예수를 주로 시인하며 또 하나님께서 그를 죽은 자 가운데서 살리신 것을 네 마음에 믿으면 구원을 받으리라"

두 가지가 필요하다. 마음으로 믿는 것, 그리고 입으로 시인(고백)하는 것이다.

5. 요한복음 3:16
"하나님이 세상을 이처럼 사랑하사 독생자를 주셨으니 이는 그를 믿는 자마다 멸망하지 않고 영생을 얻게 하려 하심이라"

성경에서 가장 유명하고, 가장 중요한 구절이다. 외우지 못한 사람은 꼭 외우라.

II. 제자도

1. 마태복음 16:24

"이에 예수께서 제자들에게 이르시되 누구든지 나를 따라오려거든 자기를
부인하고 자기 십자가를 지고 나를 따를 것이니라"

3가지가 설명된다. 첫째, 자기를 부인하는 것(자기 생각을 내려놓는
것) 둘째, 자기 십자가를 지는 것 (자기희생을 감수하는 것) 셋째, 예수님
을 따르는 것이다(순종해야 한다).

2. 누가복음 14:33

"이와 같이 너희 중의 누구든지 자기의 모든 소유를 버리지 아니하면 능히
내 제자가 되지 못하리라"

내 소유가 중요하다. 그러나 소유에 집착하는 사람은 참된 예수님의
제자가 되지 못한다. 따라서 결단해야 한다. 여기서 버린다는 것은 실제
로 버린다는 것이라기보다, 주님을 선택하는 우선순위에 대한 말씀이다.
선택의 순간에 주님을 선택할 수 있어야 한다.

3. 마가복음 10:23

"예수께서 둘러 보시고 제자들에게 이르시되 재물이 있는 자는 하나님의 나
라에 들어가기가 심히 어렵도다 하시니"

질문 대부분 부자도 되고 싶고, 천국도 가고 싶어 한다. 둘 중 하나를 선택해야 한다면 무엇을 선택하겠는가? 그때의 당신의 반응이 중요하다. 천국이 아니라, 재물에 마음이 움직이거나 망설임이 있다면 스스로의 영적 상태에 문제가 있다는 것이다.

4. 마태복음 18:4

"그러므로 누구든지 이 어린 아이와 같이 자기를 낮추는 사람이 천국에서 큰 자니라"

이 세상에서는 잘난 척하는 사람이 큰 경우가 많지만, 천국은 다르다. 겸손한 자가 큰 자다.

5. 요한복음 6:70

"예수께서 대답하시되 내가 너희 열둘을 택하지 아니하였느냐 그러나 너희 중의 한 사람은 마귀니라 하시니"

어떤 사람은 교회에 다니고 직분자가 되어도 끝까지 회개하지 않는다. 교회 내부에서 직분도 갖지만 교회 일에 계속 반대하고, 대적한다. 종종 그런 사람이 있다.

6. 누가복음 12:1

"그 동안에 무리 수만 명이 모여 서로 밟힐 만큼 되었더니 예수께서 먼저 제자들에게 말씀하여 이르시되 바리새인들의 누룩 곧 외식을 주의하라"

사람에게 보이려고 '쇼'하지 말라는 말씀이다. 우리도 조심하지 않으면, 그렇게 되기 쉽다. 우리는 순수해야 한다. 진실해야 한다. 그러지 않으면 오염되기 쉽다.

7. 요한복음 8:31
"그러므로 예수께서 자기를 믿은 유대인들에게 이르시되 너희가 내 말에 거하면 참으로 내 제자가 되고"

우리는 예수님의 말씀을 배우고 그 말씀을 따라 살아야 한다. 그렇게 노력해야 참 제자가 된다.

8. 요한복음 15:8
"너희가 열매를 많이 맺으면 내 아버지께서 영광을 받으실 것이요 너희는 내 제자가 되리라"

나무가 열매를 맺어야 하듯이, 우리도 좋은 열매를 맺어야 한다. 성령의 열매(사랑, 희락, 화평, 오래 참음, 자비, 양선, 충성, 온유, 절제)를 맺어야 한다(갈 5:22-23). 또한 말씀을 따라서 전도의 열매 등 맺어야 할 많은 열매가 있다.

III. 생활에서의 적용

1. 복음, 예수님을, 유일한 길로 믿는가? 마음으로 믿고, 입으로 시인

하는가? (솔직하게 답해보라) 가장 중요한 질문이다. 예수님을 마음으로 믿고, 입으로 주님으로 고백해야 한다. 이것을 확실하게 해야 구원을 얻는다. 예수님을 구세주로 믿고, 고백하라. 혹시 아직 한 적이 없다면, 지금 예수님을 믿고, 구세주와 주로 고백하라.

2. 당신은 제자인가? 주님의 제자로서 살아야 한다. 예수님을 주님으로 모시고, 그분을 제자로서 따라야 한다. 오늘 다시금 확실하게 결단하자.

5과 교회
부름받은 공동체

복습의 시간

1. 회개(고백)하는 삶을 연습하고 있는가? (미안해요, 괜찮아요 라는 말을 하는가?)

2. 마지막 심판 날을 위해 예비하는 삶을 사는가? (자기 전 '주 예수여 오시옵소서'라고 기도하는가?)

3. 천국을 묵상하며 사모하고 살고 있는가? (이번 주에도 천국을 시각화해서 생각해 보았는가?) 지옥을 생각해 보곤 하는가? (그래서 다른 사람을 구해야 한다고 생각해 보았는가?)

4. 예수님을 구주로 믿고, 제자로서 말씀에 순종하며 살고 있는가? (솔직하게 말하되, 이번 주에 살면서 예수님이 주님이심을 생각해 보았는가? 제자로서 예수님이라면 어떻게 하실지 생각해 보았는가?)

Ⅰ. 교회: 부름 받은 제자의 공동체

1. 마태복음 11:15

"귀 있는 자는 들을지어다"

분명히 예수님께서 하신 말씀이며, 표현이다.

2. 마태복음 13:9
"귀 있는 자는 들으라 하시니라"

이것도 역시 예수님께서 하신 말씀이다. 예수님께서는 이 표현을 자주 사용하셨다.

3. 마가복음 4:23
"들을 귀 있는 자는 들으라"

약간 표현이 다르다. 귀가 있으나, 들을 귀를 가져야 한다. 모양만 가지고 있지 말고, 들으라.

4. 누가복음 8:8
"더러는 좋은 땅에 떨어지매 나서 백 배의 결실을 하였느니라 이 말씀을 하시고 외치시되 들을 귀 있는 자는 들을지어다"

예수님을 비판하는 자들이 많아서 이렇게 말씀하신 것이다. 들을 사람은 알아들으라는 것이다.

II. 들을 귀와 교회

1. 요한계시록 2:7

"귀 있는 자는 성령이 교회들에게 하시는 말씀을 들을지어다 이기는 그에게는 내가 하나님의 낙원에 있는 생명나무의 열매를 주어 먹게 하리라"

특별한 계시의 말씀에서도 '귀 있는 자'는 "말씀을 들으라"고 하신다.

2. 요한계시록 2:11

"귀 있는 자는 성령이 교회들에게 하시는 말씀을 들을지어다 이기는 자는 둘째 사망의 해를 받지 아니하리라"

반드시 우리는 주께서 성령을 통해 전달하시려는 말씀을 들을 귀를 가지고 있어야 한다.

3. 요한계시록 2:17

"귀 있는 자는 성령이 교회들에게 하시는 말씀을 들을지어다 이기는 그에게는 내가 감추었던 만나를 주고 또 흰 돌을 줄 터인데 그 돌 위에 새 이름을 기록한 것이 있나니 받는 자 밖에는 그 이름을 알 사람이 없느니라"

계속 반복해서 같은 말씀을 하신다. 그만큼 강조하시는 것이다.

4. 요한계시록 2:29

"귀 있는 자는 성령이 교회들에게 하시는 말씀을 들을지어다"

모든 교회를 향해서 다른 사명을 주시지만, 한 가지 강조점은 같다. '귀 있는 자는', '들으라.'

5. 요한계시록 3:6

"귀 있는 자는 성령이 교회들에게 하시는 말씀을 들을지어다"

책망을 받는 교회는 더욱 말씀을 잘 들어야 한다.

6. 요한계시록 3:13

"귀 있는 자는 성령이 교회들에게 하시는 말씀을 들을지어다"

칭찬을 듣는 교회도 역시 말씀을 잘 듣고 계속 승리해야 한다.

7. 요한계시록 3:22

"귀 있는 자는 성령이 교회들에게 하시는 말씀을 들을지어다"

일곱 교회 모두에게 반복해서 주시는 말씀이다. 교회 성도는 들을 귀를 가지고 있어야 한다.

III. 씨 부리는 비유를 통한 교훈

1. 마태복음 13:19
"아무나 천국 말씀을 듣고 깨닫지 못할 때는 악한 자가 와서 그 마음에 뿌려진 것을 빼앗나니 이는 곧 길 가에 뿌려진 자요"

좋은 설교를 들어도 소용이 없는 사람도 있다.

2. 마태복음 13:20-21
"돌밭에 뿌려졌다는 것은 말씀을 듣고 즉시 기쁨으로 받되 그 속에 뿌리가 없어 잠시 견디다가 말씀으로 말미암아 환난이나 박해가 일어날 때에는 곧 넘어지는 자요"

어떤 사람은 좋은 말씀을 듣고 잠시 좋아하지만, 쉽게 흔들리고 시험에 빠진다.

3. 마태복음 13:22
"가시떨기에 뿌려졌다는 것은 말씀을 들으나 세상의 염려와 재물의 유혹에 말씀이 막혀 결실하지 못하는 자요"

어떤 사람은 말씀을 들으나 돈을 비롯한 장애물 때문에 결실을 맺지 못한다.

4. 마태복음 13:23

"좋은 땅에 뿌려졌다는 것은 말씀을 듣고 깨닫는 자니 결실하여 어떤 것은 백 배, 어떤 것은 육십 배, 어떤 것은 삼십 배가 되느니라 하시더라"

좋은 땅도 존재한다. 우리는 이런 마음이 되어야 한다. 말씀을 듣고 깨달아야 한다. 그리고 장애물을 극복하고 결실을 맺어야 한다.

5. 마태복음 7:19

"아름다운 열매를 맺지 아니하는 나무마다 찍혀 불에 던져지느니라"

예수님께서 하신 말씀이다. 만약 부족함이 있다고 느껴진다면, 이제 힘을 내어 노력해보자. 찬송가 〈어둔 밤 쉬 되리니〉를 한번 불러 보라.

6. 마태복음 7:24-25

"그러므로 누구든지 나의 이 말을 듣고 행하는 자는 그 집을 반석 위에 지은 지혜로운 사람 같으리니 비가 내리고 창수가 나고 바람이 불어 그 집에 부딪치되 무너지지 아니하나니 이는 주추를 반석 위에 놓은 까닭이요"

예수님의 산상수훈(마태복음 5-7장)을 이후에 공부하라. 그 말씀을 따라 살아야 한다. 일단 말씀을 앞으로 더 열심히 배우라. 그리고 듣고 반드시 그대로 행하라. 그것이 지혜이다. 평상시 자신의 모습을 점검하라. 말씀을 평가하는가? 아니면 순종하는가?

7. 마태복음 7:26-27

"나의 이 말을 듣고 행하지 아니하는 자는 그 집을 모래 위에 지은 어리석은 사람 같으리니 비가 내리고 창수가 나고 바람이 불어 그 집에 부딪치매 무너져 그 무너짐이 심하니라"

말씀을 알아도 그 말씀대로 살지 않는 것은 어리석은 것이다.

Ⅳ. 생활에서의 적용

1. 당신은 잘 듣는가? 솔직해지자. 만약 순종하지 않는다면, 이제 회개하라. 자신의 마음을 옥토가 되도록 기경하라.

2. 당신은 교회에게 하시는 말씀을 들을 귀를 가지고 듣고 있는가? 하나님께서 교회에 담임 목회자를 두어서 말씀을 전하게 하신다. 그분이 우선 하나님의 뜻을 잘 분별할 수 있도록 항상 기도하라. 그리고 목회자(설교자)를 통해서 주시는 하나님의 말씀을 잘 받아서 열매를 맺게 해 달라고 기도하라. 설교를 들을 때, 항상 "주님 제게 말씀하옵소서. 저에게 말씀하시는 바를 깨닫게 하옵소서"라고 기도하라.

6과 말씀
구원과 온전케 함

복습의 시간

1. 회개(고백)하는 삶을 연습하고 있는가? (미안해요, 괜찮아요 라는 말을 하는가?)

2. 마지막 심판 날을 위해 예비하는 삶을 사는가? (자기 전 '주 예수여 오시옵소서'라고 기도하는가?)

3. 천국을 묵상하며 사모하고 살고 있는가? (이번 주에도 천국을 시각화해서 생각해 보았는가?) 지옥을 생각해 보곤 하는가? (그래서 다른 사람을 구해야 한다고 생각해 보았는가?)

4. 예수님을 구주로 믿고, 제자로서 말씀에 순종하며 살고 있는가? (솔직하게 말하되, 이번 주에 살면서 예수님이 주님이심을 생각해 보았는가? 제자로서 예수님이라면 어떻게 하실지 생각해 보았는가?)

5. 들을 귀를 가지고 주님의 말씀을 듣고 있는가? (설교를 통해서 깨닫고 있는가?) 말씀을 듣고 열매를 많이 맺고 있는가? (설교를 듣고 잊지 않고, 그 말씀대로 살고 있는가?)

I. 성경의 첫째 중요한 기능 - 구원

1. 디모데후서 3:15
"또 어려서부터 성경을 알았나니 성경은 능히 너로 하여금 그리스도 예수 안에 있는 믿음으로 말미암아 구원에 이르는 지혜가 있게 하느니라"

성경은 무엇보다 우리가 예수님을 믿고 구원을 얻을 수 있는 지혜를 주신다.

2. 요한복음 5:39
"너희가 성경에서 영생을 얻는 줄 생각하고 성경을 연구하거니와 이 성경이 곧 내게 대하여 증언하는 것이니라"

성경은 많은 것을 말씀한다. 특히 영생을 얻는 것을 말씀한다. 그 핵심은 예수님에 대한 것이다.

3. 요한복음 3:16
"하나님이 세상을 이처럼 사랑하사 독생자를 주셨으니 이는 그를 믿는 자마다 멸망하지 않고 영생을 얻게 하려 하심이라"

멸망하지 않고 영생을 얻는 것은 오직 하나님의 유일하신 아들(독생자) 예수님을 믿는 것이다.

II. 성경의 두 번째 중요한 기능 - 온전한 제자로 만듦

1. 디모데후서 3:16-17

"모든 성경은 하나님의 감동으로 된 것으로 교훈과 책망과 바르게 함과 의로 교육하기에 유익하니 이는 하나님의 사람으로 온전하게 하며 모든 선한 일을 행할 능력을 갖추게 하려 함이라"

성경은 구원받음만 말하는 것이 아니다. 구원받은 사람의 그 이후의 지침에 대해서 말씀한다.

2. 시편 119:105

"주의 말씀은 내 발에 등이요 내 길에 빛이니이다"

하나님과 동행하면 안전하다. 그러기 위해 주님의 말씀을 가지고 살면 알지 못하는 어두움을 벗어나 온전한 길을 갈 수 있게 된다.

3. 전도서 12:11

"지혜자들의 말씀들은 찌르는 채찍들 같고 회중의 스승들의 말씀들은 잘 박힌 못 같으니 다 한 목자가 주신 바이니라"

우리는 모두 완벽하지 못하다. 따라서 실수를 한다. 잘못을 범한다. 그래서 교훈과 책망과 바르게 함을 받아야 한다.

4. 시편 119:67

"고난 당하기 전에는 내가 그릇 행하였더니 이제는 주의 말씀을 지키나이다"

때때로 어려움을 당하면서 우리는 순종함을 배우게 된다.

5. 욥기 28:28

"또 사람에게 말씀하셨도다 보라 주를 경외함이 지혜요 악을 떠남이 명철이니라"

III. 말씀을 전하는 사람

1. 누가복음 1:70

"이것은 주께서 예로부터 거룩한 선지자의 입으로 말씀하신 바와 같이"

오늘날에는 목회자가 주님의 말씀을 대언하는(대신 전하는) 일을 한다.

2. 사도행전 6:4

"우리는 오로지 기도하는 일과 말씀 사역에 힘쓰리라 하니"

교회가 성장하면 해야 할 일이 많다. 그런데 특별히 목사님들은 말씀과 기도에 집중해야 한다.

3. 데살로니가전서 2:13

"이러므로 우리가 하나님께 끊임없이 감사함은 너희가 우리에게 들은 바 하나님의 말씀을 받을 때에 사람의 말로 받지 아니하고 하나님의 말씀으로 받음이니 진실로 그러하도다 이 말씀이 또한 너희 믿는 자 가운데에서 역사하느니라"

설교는 사람인 목사가 한다. 그런데 성경에 근거해서 제대로 전하는 것이라면, 하나님의 말씀으로 받는 것이 합당한 것이다.

4. 마태복음 12:41

"심판 때에 니느웨 사람들이 일어나 이 세대 사람을 정죄하리니 이는 그들이 요나의 전도를 듣고 회개하였음이거니와 요나보다 더 큰 이가 여기 있으며"

요나는 좋은 인격(사랑)을 가지고 말씀을 전하지 않았다. 그래도 회개한 사람들이 있었다. 설교자에 대한 평가에 매달리지 말고, 그 말씀이 하나님께서 주시는 것이면 받고 열매 맺으라.

IV. 생활에서의 적용

1. 당신은 성경 말씀을 통하여 믿음이 생겼는가? (설교를 들으면서 믿음이 생겼는가?)
   계속 말씀을 읽고 들으라. 그러면 믿음이 생겨난다.
2. 온전한 제자가 되게 하는 말씀, 책망의 말씀에 어떤 반응을 보이는

가? 시험에 빠지지 말고, 감사하는 마음으로 받으라. 그래야 더 좋은 제자가 될 수 있다.

3. 설교를 듣거나 성경공부할 때 어떤 자세로 듣는가? 솔직하게 답하되, 앞으로 항상 전하는 사람을 통해서 하나님께서 무엇을 전하려고 하시는지 하나님의 의도를 생각하며 들으라. 그러면 잘 알게 된다.

4. 성경을 자주 읽는가? 사실대로 답하되, 매일 읽기 위해 힘쓰라. 많이 읽는 것보다 조금이라도 자주 가능하면 매일 읽는 습관을 가지라.

7과 의무
시간, 물질, 마음의 헌신 (제자의 3대 의무)

복습의 시간

1. 회개(고백)하는 삶을 연습하고 있는가? (미안해요, 괜찮아요 라는 말을 하는가?)

2. 마지막 심판 날을 위해 예비하는 삶을 사는가? (자기 전 '주 예수여 오시옵소서'라고 기도하는가?)

3. 천국을 묵상하며 사모하고 살고 있는가? (이번 주에도 천국을 시각화해서 생각해 보았는가?) 지옥을 생각해 보곤 하는가? (그래서 다른 사람을 구해야 한다고 생각해 보았는가?)

4. 예수님을 구주로 믿고, 제자로서 말씀에 순종하며 살고 있는가? (솔직하게 말하되, 이번 주에 살면서 예수님이 주님이심을 생각해 보았는가? 제자로서 예수님이라면 어떻게 하실지 생각해 보았는가?)

5. 들을 귀를 가지고 주님의 말씀을 듣고 있는가? (설교를 통해서 깨닫고 있는가?) 말씀을 듣고 열매를 많이 맺고 있는가? (설교를 듣고 잊지 않고, 그 말씀대로 살고 있는가?)

6. 성경을 통하여 믿음으로 구원을 얻었는가? 온전한 제자가 되게 하시는 말씀에 시험받지 않고 귀를 기울이라.

Ⅰ. 시간의 헌신

1. 사도행전 2:46
"날마다 마음을 같이하여 성전에 모이기를 힘쓰고 집에서 떡을 떼며 기쁨과 순전한 마음으로 음식을 먹고"

우리는 시간의 헌신이 있어야 한다. 주일은 기본이고, 평일에도 가능하면 주님을 위해 시간을 내자.

2. 히브리서 10:25
"모이기를 폐하는 어떤 사람들의 습관과 같이 하지 말고 오직 권하여 그 날이 가까움을 볼수록 더욱 그리하자"

주님의 제자들이 함께 모이면, 그것은 우리의 신앙에 큰 유익을 준다. 자주 모이도록 하라.

Ⅱ. 물질의 헌신

1. 민수기 18:28-29
"너희는 이스라엘 자손에게서 받는 모든 것의 십일조 중에서 여호와께 거제로 드리고 여호와께 드린 그 거제물은 제사장 아론에게로 돌리되 너희가 받은 모든 헌물 중에서 너희는 그 아름다운 것 곧 거룩하게 한 부분을 가져다가 여호와께 거제로 드릴지니라"

우리는 물질의 헌신도 드려야 한다. 이것은 특히 목회자들이 주님을 섬김에 전념할 수 있는 생활비가 되어야 한다. 그래서 말씀 연구에 집중해서 우리(성도들)에게 온전하고 은혜로운 말씀을 전달할 수 있도록 협력해야 한다.

2. 마태복음 23:23
"화 있을진저 외식하는 서기관들과 바리새인들이여 너희가 박하와 회향과 근채의 십일조는 드리되 율법의 더 중한 바 정의와 긍휼과 믿음은 버렸도다 그러나 이것도 행하고 저것도 버리지 말아야 할지니라"

십일조는 구약에서만 말씀한 것이 아니다. 예수님도 분명하게 드려야 함을 말씀하셨다.

3. 사도행전 4:34-35
"그 중에 가난한 사람이 없으니 이는 밭과 집 있는 자는 팔아 그 판 것의 값을 가져다가 사도들의 발 앞에 두매 그들이 각 사람의 필요를 따라 나누어 줌이라"

물질의 헌신을 통해서 우선 목회자를 위한 드림이 있어야 하되, 가난한 성도들을 돕기 위한 헌신도 필요하다.

III. 마음의 헌신

1. 야고보서 4:10
"주 앞에서 낮추라 그리하면 주께서 너희를 높이시리라"

마음의 헌신은 순종을 뜻한다. 겸손한 순종. 자기 생각을 앞세우지 말라. 교만하지 말라.

2. 베드로전서 5:6
"그러므로 하나님의 능하신 손 아래에서 겸손하라 때가 되면 너희를 높이시리라"

모든 사람이 우선 순종의 자세를 가져야 한다. 겸손해야 한다. 그리고 그 가운데 하나님께서 때가 되면 지도자로 높여 주시고 지도하게 하실 것이다.

3. 갈라디아서 6:6-7
"가르침을 받는 자는 말씀을 가르치는 자와 모든 좋은 것을 함께 하라 스스로 속이지 말라 하나님은 업신여김을 받지 아니하시나니 사람이 무엇으로 심든지 그대로 거두리라"

교회에서 말씀을 가르치는 목사님을 귀하게 여겨야 한다. 그리고 모든 좋은 것을 함께 하라. 하나님께서 하나님의 말씀을 전하고 가르치는 자에게 우리가 행하는 것을 보시고, 갚아 주실 것이다.

IV. 생활에서의 적용

1. 당신은 시간의 헌신을 잘하고 있는가? (과거의 헌신보다 이제부터 조금 더 하기로 결단하라) 항상 그런 노력을 계속하라. 그래야 좋은 직분자가 되고, 좋은 지도자가 될 수 있다.

2. 당신은 기쁨으로 물질의 헌신을 하는가? 사랑하는 마음이 있으면 희생이 아깝지 않다. 우리 마음에 하나님을 향해, 성도와 이웃을 향해 사랑이 점점 더 많아져야 한다. 기쁨으로 헌금하고, 물질의 헌신이 점점 많아져야 한다. 그래야 좋은 직분자가 되고, 좋은 지도자가 될 수 있다.

3. 마음에 항상 하나님을 최우선순위로 삼고, 하나님 말씀에 순종하며 헌신하는가? 사실대로 말하되, 계속 '순종'하며 나아갈 결단을 하라. 예수님은 하나님의 아들이시지만, '내 뜻대로 마시고 아버지의 원대로 하옵소서'라고 하셨다. 우리도 그래야 한다. 그래야 좋은 직분자가 되고 좋은 지도자가 된다.

이 세 가지 헌신이 잘 되는 교회가 좋은 교회가 된다. 이것을 잘 적용해야 우리의 교회 생활이 유익하게 된다.

유익한
교회생활

초판 1쇄 발행　2021년 4월 15일

지은이　　김용일
발행인　　이영훈
편집인　　김영석
편집자문　신성준

편집장　　　김미현
기획·편집　김나예
제작·마케팅　박기범
디자인　　　김한희

펴낸곳　교회성장연구소
등　록　제 12-177호
주　소　서울특별시 영등포구 여의공원로 101 CCMM빌딩 7층 703B호
전　화　02-2036-7922(편집팀)
팩　스　02-2036-7910
홈페이지　www.pastor21.net
쇼핑몰　www.icgbooks.net

ISBN ｜ 978-89-8304-307-8 03230
*값은 뒤표지에 있습니다.
*잘못된 책은 구입하신 서점에서 교환해드립니다.
*이 책 내용의 일부를 사용하려면 반드시 저작권자와 교회성장연구소 양측의 서면동의를 받아야 합니다.

"무슨 일을 하든지 마음을 다하여 주께 하듯 하라." (골 3:23)

교회성장연구소는 한국의 모든 교회가 건강한 교회성장을 이루어 하나님 나라에 영광을 돌리는 일꾼으로 성장하는 것을 목표로, 목회자의 사역과 성도들의 영적 성장을 도울 수 있는 필독서들을 출간하고 있다. 주를 섬기는 사명감을 바탕으로 모든 사역의 시작과 끝을 기도로 임하며 사람 중심이 아닌 하나님 중심으로 경영한다. "무슨 일을 하든지 마음을 다하여 주께 하듯 하라."는 말씀을 늘 마음에 새겨 하나님께서 주신 사명을 기쁨으로 감당하고 있다.